彩色圖例

♥ 圖 3-2　圖書角的各種設置

♥ 圖 5-3　分享閱讀

♥圖 5-6　文學討論

♥圖 6-4　幼兒為班上同儕說讀故事

♥ 圖 6-6-2　閱讀夥伴

♥ 圖 11-1-1　創作故事

1. 有一隻小鳥他看見一個人
在唱歌，之後小鳥又去叫狗來
聽人唱歌，人的下面有一桶水，
小鳥不小心把水翻倒。

♥ 圖 11-2-1　模仿艾瑞卡爾的拼貼故事

♥ 圖 16-1　幼兒自製的圖書袋

幼兒文學 與 教學

谷瑞勉 著

目錄
Contents

作者簡介／ii

自序／iii

作者簡介
About the Author

谷瑞勉

學　　歷：美國喬治亞大學幼兒教育博士

現　　職：美和科技大學幼兒保育系教授

經　　歷：中學教師

　　　　　屏東師院助教、講師

　　　　　屏東教育大學副教授、教授、系主任等

專長領域：幼兒文學與語文教育

　　　　　幼稚園班級經營

　　　　　課程教學

　　　　　幼教師專業發展

專　　著：1. 幼稚園班級經營——反省性教師的思考與行動（1999 初版，2006 二版）（心理）

　　　　　2. 鷹架兒童的學習——維高斯基與幼兒教育（1999 譯）（心理）

　　　　　3. 教室中的維高斯基——仲介的讀寫教學與評量（2001 譯）（心理）

　　　　　4. 鮮活的討論——培養專注的閱讀（2004 譯）（心理）

　　　　　5. 其他幼兒教育相關研究論著

自序
Preface

作者平日閱讀和教學幼兒文學與語文，深深體會幼兒文學能導引知識、啟發睿智和滋潤心靈，其蘊含如此豐沛飽滿，足以支撐起幼兒課程的架構，並豐富其整體的學習。幼兒對文學和這世界充滿興趣卻缺乏經驗理解，也永遠都需要有愛心、有能力的成人為他們引領。

文學對幼兒學習的重要性及缺乏時的嚴重影響已人盡皆知，浩瀚的幼兒文學世界正等著老師和幼兒一起去發掘。如果老師無識於或忽略了文學中蘊含的深厚價值，就錯失了能啟發有效教學的豐盛礦藏；如果他們無力使文學成為課程的重要內涵，也將剝奪幼兒學習的大好機會。身為幼兒教師，能不經常反思？

市面上已經有許多關於幼兒文學和語文教學的書，多是介紹當紅理論、移入論點、指點迷津的範本手冊……。但語文是最「本土」的課程與學習，直譯國外的語文教科書總有其文化差異和隔靴搔癢之憾，然其中又確有許多值得學習參考。自己近年藉由教學相長、輔導實務、研究實驗，歸納整理出一些心得，不揣淺陋，試著寫出這本有關認識和應用幼兒文學於語文教學和統整課程的書。

本書的內容從讀寫理論、文學功能、環境配合、幼兒反應的基本開始，再以語文學習的重要面相範圍和批判讀寫的觀點為基礎，進行學習活動的擴展與延伸；後段再及於文學的不同類別（訊息類書）、不同型態（藝術與戲劇的欣賞教學）的教學運用，最後不忘進行評估和協助家長參與，全書共十六章。作者多方位探討，試圖涵蓋讀寫文學的各層面、方式與教學策略，但不強調細節指引、也不要人照單全收，而是鼓勵老師思考且保留自己的教學自主；不只是在文學課程的有限空間中做例行的施展，還要能引發更深、更

廣、更美的文學與語文學習。書中運用的是幼兒文學,主要對象是幼兒,但較大兒童也能受益和被啟發。

　　此書之完成費時多年,這期間感謝周圍那些埋首深耕、總是激發我許多的幼教老師和熱情理想尚存的準幼師們,讓我的想法一直有機會與她們的行動切磋印證,而這些經驗、互動、資料、相片也成為本書的養分。另也感謝家中先生對我在電腦書寫方面的隨時協助,以及心理出版社在出版艱困時代還願意出這本書的支持;這些完成的動力和鼓舞都讓我銘感在心!另外,本書所使用的圖表、照片和幼兒作品中,除了大部分是作者在各種研究或輔導場合所拍攝及取得,有些是與原作者聯繫,徵求他們同意後刊出,但也有一些已無法確定原作者及出處。感謝這些圖表、照片的貢獻,使本書圖文並茂,若有使用到讀者的照片或作品,煩請與我聯繫。本書希望能為引介幼兒文學、深化文學教育略盡棉薄之力,尚祈讀者的回饋與指正。

谷瑞勉　於 2010 年 8 月

CHAPTER 1

序論

　　教育的目的在培養有知識、能反省與批評的學習者；學習或閱讀的目的則是為了獲得訊息，建立對人類經驗的了解，回應社會及滿足個人需要，因此需要好的文學做媒介。而文學能發揮多少力量，則要看讀者如何閱讀它、理解它、欣賞它、應用它；幼兒從對文學的聽、說、讀、寫中獲得語文和知識，用以與人溝通和解決問題，也需要有欣賞、理解和評估的能力。讀文學不是做完指定功課之後的「課外讀物」，或只是一種對幼兒的「賞罰工具」，而可以就是課程本身。妥善運用豐富的文學可以讓幼兒得到更有意義的學習，以及賦予課程更新的內容與生命。在跳脫傳統制式、追求豐富多元的學習範圍與方式的努力上，文學提供了深廣的選擇可能和思考空間。

　　如果從閱讀來看學習的基礎，歷來的發展可扼要整理出四個不同的結構和觀點：(1)閱讀是一種解碼的過程，閱讀指導的功能就是幫助幼兒解碼。(2)在 1970 至 1980 年間，心理語言學者及基模理論專家強調閱讀是讀者和文本的互動；強調把注意力放在文本意義上，讀者的發展就是了解如何去使用文本及身邊資源，來合作創造出有意義的閱讀。(3)在 1980 年代後期到 1990 年代早期，社會語言學者及社會語意理論的焦點是放在強調語言的使用，閱讀被看成是一種能用來做什麼及在這世界裡能完成什麼的功能。(4)到了近期，則認為閱讀應被看成非中性的文化實作的形式，讀寫既不是中立的，讀者就

須能統整文本中的假設及自己帶到文本上的假設；孩子要能參與在對話當中，而不只是透過閱讀或直接教導來學習而已（Applebee, 1997）；這種概念下的學習者是要積極參與真實世界的議題的對話，和在研究周圍世界及課程學習上進行批判讀寫的（Luke & Freebody, 1997）。在幼兒的課程方案中，若能強調這些不同觀點組合的學習，而不是加以切割，將會更適合幼兒。再分別詳細說明於下：

幼兒閱讀發展

有關幼兒閱讀發展的理論，早期將閱讀視為是由外向內（outside-in）的序列發展，因而強調孤立的技巧，如聲音、字母、生字及測驗等一系列精準正確的學習過程（Smith, 1983）。二〇年代的成熟理論強調學習準備度，認為幼兒要到一定的認知成熟以後才能學讀寫，也需要先被老師教會拼音和文法（Vukelich, Christie, & Enz, 2002）。這種想法導致人們相信幼兒階段是要教準備的技巧，學科指導需要提前至更早的年齡，以免孩子「輸在起跑點」。基於此種理論，在幼托階段就開始寫作業簿、學各種孤立技巧，進行像視覺區辨、從圖片中找尋兩個一樣的房子，或注音寫字……等的活動，而沒有教真正的閱讀，寫作更要等到學會認字之後才進行。發展較慢的孩子被迫參與這類結構性強的活動，卻無法學會閱讀，反因還無法掌握而提早感受挫敗，產生對讀寫的負面態度。

後來心理語言學者如Noam Chomsky、George Miller等人認為孤立的文字本身沒有什麼意義，必須放在文本中來讀才有意義，強調一開始就應幫助幼兒從完整的文本中吸取意義。這種由內向外（inside-out）的觀點被例證到語言發展的完整取向（wholistic approach）上，而認為學習讀寫像學習說話一樣自然（Holdaway, 1979），閱讀文學正是適當統整的做法；老師只要提供機會，讓孩子從真實讀物中去嘗試實驗、發現意義（Harste, Woodward, & Burke, 1984），並適時提供回饋就自然能學習。另外，像Goodman（1973）、Smith

（1988）和 Weaver（1980）等人也在七〇年代探討記憶力、知覺和注意力與閱讀的連結，這兩個領域的結合對閱讀發展建立了更廣義的觀點：發現孩子在能說和讀之前已知道許多語言的運作；也就是會運用線索系統（cue system）來了解所讀，其包括三方面：語意（semantic）——讀者從文本、情境、生活經驗等方面了解意義；語法（syntactic）——讀者以所知的語言和文法來預測文本；以及語音（grapho-phonic）——讀者運用對聲音與符號的對應關係、（英文）字母組合的視覺知識來了解；再加上第四個系統：傳記（bibliographic）——讀者對文本還能做到圖像、視覺（graphic, visual）和字音、聽覺（phonic, auditory）的區別。他們並不只是被動的接受教導或被灌輸語文知識而已。

　　另外，學者也發現：「兒童透過不同的路徑而達到共同的結果」（Clay, 1998），「不同路徑」是指各種的經驗層面；幼兒以不同的方式學習讀寫，沒有任何一種固定的方法能適用於教導每位小孩。讀寫是一個社會建構的歷程（Bissex, 1980; Taylor, 1983），強調社會建構的了解，孩子的世界經驗及從環境中塑造意義的能力是受周圍有知識的他人的影響和與周圍人互動的結果；一個孩子今天受協助能做的事，明天就可以自己做到（Vygotsky, 1978）。幼兒受到其家庭、社會和文化情境影響，在入學前已有不同的讀寫背景，有些已經參與在廣泛的文字形式和塗、寫、聽、說故事等活動中，這些都是正式讀寫活動的基礎。Clay 認為孩子入學前對文字愈有知覺，就愈容易接受正式的學習，這個知覺是幼兒從口說語言轉換到書寫語言的關鍵概念；這種「社會建構論」觀點（Vygotsky, 1978）相信學習是建立在與周圍環境互動及主動積極建構意義的過程上，其中「最近發展區」（zone of proximal development, ZPD）的運用，說明成人和較能幹的同儕的鷹架是幫助孩子學習與成長的主要因素。以閱讀為例，獨自的閱讀與學習成效有限，有了同儕、成人的刺激和鷹架，才得以萌發成長（谷瑞勉譯，1999，2001）。幼兒以各種方式學習（閱讀團體或組織型態）、與他人交流互動，了解別人的觀點想法，從中建構意義與理解，並承擔起自己學習的責任。

早期讀寫

　　幼兒的閱讀受早期經驗影響很大，像在家庭中的床邊故事活動或親子共讀的傳統就是孩子讀寫的先驅（Holdaway, 1979）。成人從為孩子閱讀的過程中，分享有關書的種種：例如文本的結構、意義、語言，以及喜悅和親密感……等；幼兒也因之漸能把握閱讀的方向、故事意義和敘述型態；他們用圖畫和先前大人讀給他聽時的記憶，對文字有了大概的了解。但他們成為讀者的過程很複雜（Weaver, 1998），在正式讀寫之前，已能表現一些「類讀寫行為」（Whitehead,1999），包括像是在閱讀時會與類似的印象、東西、事件、記號相連結（如：這和我知道的某個字很像）；會以記號表達意思和溝通、寫紙條、留言、寫信等；也會運用像發問、請教他人、使用資料等策略。他們會逐漸進行有意義的閱讀，互相分享對故事的了解、預測結果和發展等；也會表現早期寫作的特徵，像塗鴉、寫字詞和注音、記錄事件、拼音畫圖，以及猜、認或寫字等；或在閱讀後或遊戲中模仿各種寫的活動，以中文、注音、英文或混合寫法表達意思或心得，顯示他們會注意書寫的小單位。稱此為「塗鴉」已不貼切，而是「早期寫作」、「萌發寫作」或「發展中的寫作」更適當；家中父母的引導，開啟了幼兒讀與寫的初步活動。

　　從幼兒家庭讀寫的學習經驗中產生了讀寫萌發的概念（Clay, 1969），說明書寫和口說語言的獲得一樣，都是透過觀看和與人互動而學會。萌發包含孩子對文字的功能與結構的個人觀點、智能態度及早年與語言文字的互動經驗（陳淑琴譯，2005；黃瑞琴，1997），為讀寫理論提供更廣的參考價值。孩子從嘗試著讀寫開始，逐漸學會文字如何運作和依別人的反應來自我修正，進入讀寫活動與他的文化背景、教導者也有關係。有些文化中，重視口述傳統的長輩為孩子說故事比讀書更普遍；有些重視了解、有些則要求準確。我們的文化中不少父母就是要求孩子一開始讀寫就要正確，在說故事時只准聽，不准插嘴發言，或將其塗寫當成無用之物丟棄，也相信孩子須「準備好了」

才能受教、學習……，卻不了解孩子這類初期試探的意義。

能成為流利讀者的孩子，多是很早就有機會聽成人為他閱讀文學（Wells, 1986），從中建立閱讀的良好基礎；就如學習說話最好能多融入口說語言的環境一樣，生活在圖書和成人支持的環境中也最能幫助幼兒自然學習讀寫（Cambourne, 1987; Goodman, 1990; Holdaway, 1979）。孩子學習說話的過程就是不斷練習，成人為他示範和不斷對他說，如果在讀寫上做同樣的事情，他們也能自然學會（Strickland & Morrow, 1989）。孩子「聽和說」的語言會形塑他們「讀和寫」的語言，他們獲得的不只是使用能力而已，也學到了解和表達。

全語言

六〇年代全語言運動在紐西蘭興起，那是基於對語言發展、課程、學習與教學的一種理念的運用（李連珠，2006），啟發人們去了解學習應是全面而非零碎的、統整而非分割的、自然而非刻意的。倡導人 Goodman（1967）曾提到全語言的主要觀點：

- 讀寫發展是由全體到部分，藉由其意義、功能性及相關的語言使用來達成。
- 讀者在閱讀時會逐漸建構意義，且奠基於他們先前的學習和經驗。
- 讀者會漸從文字中發現意義，也會預測、選擇、確認和自我修正。
- 有三種語言系統在互動影響：聲音和字母型態（graphophonic）、文章構成法（syntactic）和語意（semantic），不能分開學習。
- 理解意義是閱讀的目的，文學是閱讀的真實材料，應廣加運用。

這個全語言的理念，說明了幼兒的聽、說、讀、寫是同時發展，因此所學習的課程應統整，且以幼兒為中心。教學不能依賴教師手冊，而要基於對幼兒學習及興趣能力的了解；讀寫材料也不應是現成套裝的，而是真實完整的文學讀物；老師引導幼兒成為主動的學習者，會對自己的學習負責。因此，

在全語言教學取向的教室裡，老師帶領孩子進行各種讀寫探究活動，其特點如下（Sloan, 1991）：

- 師生每日共同計畫活動，依兒童需要和興趣來執行和達成目標。
- 除了正式教導的課程，每天有大量閱讀的時間安排。
- 老師為孩子出聲閱讀，也會進行討論。
- 寫作從閱讀中自然產生，兒童會在小組中互相建議、修正和寫作。
- 保持兒童的作品檔案與軼事紀錄，做為老師評量和指導的依據。
- 鼓勵合作的團體學習和同儕教學，老師不是唯一的協助者或訊息來源。
- 教室充滿兒童讀寫的作品，像是剪報、自製書、圖文日誌等。

全語言以文學為課程的核心，強調多為孩子閱讀、讓孩子自己選書讀和少寫作業簿等；內容可能是探究一本書、聚焦某個文類、統整課程領域或作者研究，活動真實而自然，與孩子的實際經驗密切結合。教室中提供充分的時間、環境和機會讓兒童可以讀寫、反應和發展進一步的學習經驗，並與課程領域相連貫。老師則扮演催化者、促進者和師傅的角色，具有開放、彈性和參與的特質，這和傳統重視技巧的課程不同，表 1-1 是兩者的比較。

由表 1-1 可知，全語言取向的教學和重技巧的傳統教學之間的不同約可從空間、圖書、時間和老師等項目來區別。全語言取向的教學會準備豐富、適合的圖書以供使用；空間會考慮孩子的需要及課程的展開，安排時間讓孩子積極參與讀寫，而不是老師主導的教學；老師也不斷修正反思，以理解孩子的需要和提供適當的輔導；文學探究取代了教科書的習作演練，班級組織也不再只依兒童的能力分組，而是混齡的合作學習。

表 1-1　全語言取向和傳統重視技巧課程的比較（Raines & Isbell, 1994）

	全語言取向　　　VS.	傳統重視技巧課程
學習者	孩子選擇	教師主導
閱讀時間	大量	少量
環境	用真實材料的主動學習	被動或寫作業簿為主
語言	說、寫、孩子創造的	安靜、被控制的
閱讀指導	意義為基礎的	強調技巧、輔助教材
	圖畫書、雜誌報紙	控制的文本
	環境文字、圖書館資源	固定文本
寫作指導	強調意義為基礎	強調讀寫技巧
	發明、仿寫、自選主題	指定題目
控制性	孩子可以冒險	必須正確無誤
	重視幼兒學習的優點	指出學習的缺點或弱點
課程	主題教學	分科教學
資源	孩子、家庭、社區	教師、教科書

以文學為基礎的課程

　　文學是語言學習的驅力，其敘述（narrative）是心智的初步表現，內容則是組織心智的方法（Hardy, 1978）；既包含廣泛的人類經驗，也賦予事件意義，因此是進入讀寫的最佳輔佐（Bruner, 1990）。有學者曾記錄數千小時有關孩子語言發展受故事影響的情況（Britton, 1970; Rosen & Rosen, 1973），發現孩子經常會用故事的語言結構型態成為他們讀寫學習的基礎。文學中的敘述方式能啟發孩子的寫作，也讓孩子認識像敘述、說明和說服等各種的寫作型態（Cullinan,1989）。讀、寫無法分開，而是彼此連結、交互發展；孩子由讀中學寫、由寫中學讀，讀後的討論也能促進對寫作的掌握（Graves, 1983; Hansen, 1987）。

　　孩子為廣泛的目的而閱讀文學，例如為了獲得知識、擴充經驗、追求娛

樂等，且可以在學習活動中同時出現，依學習目的或需要為主要考量，鼓勵學習的連結，再將其他目的融入。文學組織課程是透過對文學的聽、說、讀、寫和反應，逐漸促進並達成下列目標（Short, 1995）：

- 促進對讀寫的積極態度：動機是學習的基礎，學習讀寫的經驗會影響到學習其他事物的態度，從小養成對文學的喜愛可延續成為一生的習慣。

- 養成建構的讀寫：讀者不是被動接受書中內容，而是主動建構意義，老師視需要而提供協助，不是只傳授預定的技巧而已。

- 鼓勵廣博精深的閱讀：閱讀能力靠不斷練習而增強，既需廣泛閱讀（Short & Burke, 1988），也要深入欣賞理解。

- 討論引發探詢和批判思考：與人對話是文學解讀的最佳途徑，包含取、予的互動對話能從合作中產生意義；討論更能鼓勵自由發問、刺激想法、探究主題、尋找意義和解決問題（Peterson & Eeds, 1990）。

- 支持對文學的不同回應：對文學的回應過去多強調故事情節事實的「傳輸」立場，與重思考感受的「審美」立場其實同等重要，應鼓勵幼兒做不同的回應和養成思考批判的能力。

- 培養互動和合作精神：閱讀與討論可藉社會互動來學習，探討自身反應和別人觀點，是社會性而非競爭性的合作活動（谷瑞勉譯，1999；Vygotsky, 1978）。

- 提供選擇和鼓勵責任感：文學課程能提供幼兒自選書籍、研究問題和延伸活動等選擇，學習的責任會隨選擇而產生（Cambourne, 1987），老師僅需從旁協助。

- 從多元觀點接觸文學：文學內容交織出人類許多層面的議題，值得思考和深入探究；在讀寫的互動中，每人所帶來的內涵能與他人不同的生活思想切磋共鳴，減少偏見，更能豐富生命。

- 培養反應和自我評估：文學的學習成果不適合用傳統的方式評估，較適合用讀寫檔案、軼事紀錄、幼兒反應和作品等，做為孩子自評、老

師輔導及課程修訂的依據。

均衡的讀寫

　　文學課程實施以來，兼顧文學與基礎技巧的呼聲也漸受注意，而引發對「均衡讀寫」（balanced literacy）的重視（Au, Carroll, & Scheu, 2001; Burns, 1999）。均衡讀寫主要圍繞著孩子應發展哪些讀寫知識，以及如何獲得這些知識的哲學觀點來討論，而不是強調任何單一或正確的讀寫教學方式。「均衡」大抵具有合併或取代一種或多種的課程、教學法，或將這些做多重混合的特性，指的是老師「每天進行有關如何幫助孩子成為更好的讀者和寫者的周密思考的決定的取向」，更是在課程觀點、成分因素、教學方法和幼兒應學知識等方面的均衡。例如將需要學習的內容方法平均分配、兼顧教師指導和孩子中心的學習、將技巧策略教學和文學欣賞並重，或均衡涵蓋各種讀寫活動……等皆是。

　　均衡讀寫教學是針對有關孩子閱讀（包括不同知識的加權輕重）、誰擁有這些知識，以及如何學習這些知識等所產生的哲學觀點，基於下列理念：

1. 孩子應獲得有關閱讀的多元知識：
   - 閱讀的局部知識——能讀懂字、知道字意和用策略認字。
   - 閱讀的總體知識——了解、理解和對閱讀的回應。
   - 閱讀的感情因素——閱讀的態度、動機和喜好等。
2. 擁有閱讀知識的人，像老師、家長和其他孩子，都能提供多元知識的資源。
3. 孩子靠多元的方法習得讀寫知識，這與不同的知識學習有關。

　　依此理念所建立的讀寫課程，強調讀寫的不同目標會帶動不同做法、老師宜採納不同或對照的教學法（如兼顧教師主導和幼兒中心、依不同目的做同質或異質性分組……等），而且為不同目的選讀各種文學類型（如為培養閱讀選擇有趣又能引發思考的文學作品，為認字則選重複模式或可預測性的

圖書）等。

　　均衡讀寫的觀念兼顧文學理解和基礎技巧的學習，促進對文學學習與課程深廣的探究；老師需修正實作，配合孩子的讀寫發展與需求，將上列因素做恰當的選擇、組合和運用。

　　依據上述讀寫理論的發展歷程，可歸納出下列幾種常見的兒童語文（英文）教學法（Graham & Kelly, 2000）：(1)「字母法」（alphabetic method），閱讀要先能分辨和唸出字、音和詞，因此將閱讀分為許多小部分做有系統的教學，學習認字、音，並將之組合；(2)「字音法」（the phonic approach）是用字母的聲音來解碼，這種字音知識強調部分，幫助孩子學會不熟悉的字；(3)「視讀法」（the "look and say" approach）是從字或全句開始學，以書中選擇的字彙寫成關鍵字閃示卡來練習和背誦，老師較易用以掌握在大班級中的團體教學；(4)「語言經驗法」（the language experience approach）則認為孩子本身的經驗和語言是閱讀文字和建構意義的基礎，孩子用個人「字庫」（banks of words）來建構句子進行最早的閱讀活動，在使用錄音機後能更深入了解孩子的口述語言，並將之與讀寫連結；(5)「全語言取向」（whole language approach）則認為語言學習不應被細分和孤立，應由老師引導讀好的文學、進行讀寫、完成方案。早期中文的語文教學，大多數人也認為必須依序逐步教會孩子注音、拼音、認字、閱讀，但發現孩子能藉由更多元的方式學習，或從直接閱讀中學會閱讀（李連珠，2006），而漸能接受文學課程也是一種語文教學的方法。總之，唯有融會貫通運用各種教學法的優點，才能為孩子的語文學習與發展奠定紮實的基礎。

文學與教學之現況與問題

　　根據觀察，讀寫教育課程發展至今，可歸結出下列值得思考和改進的現象與問題：

　　• 老師較少注意個別發展和學習型態，讓孩子主動嘗試讀寫。

- 很多幼兒接受嚴格而正式的教導，成人對其發展有不合理的期望和催促。
- 太注意孤立的技巧學習和抽象閱讀，而不是統整的聽說讀寫。
- 較少強調閱讀的樂趣，很少將閱讀和享受聯想在一起。
- 讀寫多基於預定的目的，較少考慮幼兒如何學習。
- 考試壓力迫使學習排除了好奇、批判和創意，導致功利的學習態度。
- 老師若不用套裝課程即無法向家長或上司解釋，常因飽受誤解而妥協。

目前幼稚園、托兒所的課程教學使用現成輔助教材的情形仍很普遍，包括作業簿、注音本、兒歌讀本……等，這些輔助教材不但占去大量幼兒的學習時間，也花掉大部分的經費；目的主要為幫助幼兒進入小學做準備，但除了供老師教學方便、滿足家長對課業督促的要求之外，卻未必真有益於幼兒。學習不應只依賴練習簿這些練習技巧的工具而已，刻板練習和強迫學習都只會使孩子應付或逃避。

文學課程不像練習簿或刻板課程的乏味單調，卻具有引起動機和促進學習的效果（Eldredge & Butterfield, 1986），其相關活動充滿趣味，即使學習緩慢甚或有障礙的孩子也能從文學中學到創造力和經驗。然而，今日大部分幼兒卻很少花時間在閱讀文學上，多是在讀課本、寫作業、看電視或打電玩。美國的孩子最多只花 1%的課餘時間在閱讀上（Fielding, Wilson, & Anderson, 1986）；台灣學童還得補習，根據報載閱讀時間每天更是不到六分鐘。研究發現，閱讀能力愈差的孩子愈少閱讀，但當孩子課業表現不好時，老師卻又縮減他的閱讀時間以求趕上功課，惡性循環使得情況更糟。如何將文學帶入孩子的生活與學習中，是值得關切、有待努力的問題。

另一方面，所幸近年來許多幼稚園和國小教師已漸能認同並看重文學在課程中的重要性，以之做為組織課程的依據（方淑貞，2003；谷瑞勉，2004）。老師在課程中融入文學的程度不同，有的用來引起動機、填補教學空檔，或輔助主題教學，也有大量、完全的用於課程內涵中。在此廣泛運用的趨勢之下，又發現有些老師已將文學運用到另一個極端，就是將之「讀本

化」（basalization）、「瑣碎化」（trivialization）了（Karnowski, 1997）。他們可能對文學了解不夠、興趣不大，沒信心掌握或無法轉化於教學活動，就直接採用現成的資源手冊照本宣科，沿用傳統的教學模式、寫制式的學習單作業，或將文學的原汁原味簡化刪改，不再細品內涵，而把文學教成和輔助教材一般了；也有些老師認為文學無法真正教會幼兒讀寫技巧，在學校也沒有那麼多時間進行……等。對於這些疑惑和困難，老師可以試著了解：「以文學組織課程的特質，是要營造一種環境，鼓勵同儕或師生對話、探討各種可能、從多元觀點中了解和修正解讀，並從反應的洞察中磋商、建構和理解意義」（Langer, 1994），這是比讓孩子從小只是埋頭苦寫作業更有意義的學習。

語文教育學者曾言：「老師對文學和學習的觀點，決定了兒童在一個教室裡將會發生的事」（Peterson & Eeds, 1990）。老師雖然不需要是文學或藝術的專家，但要有熱情帶領學習，且本身必須是一個「讀者」，否則很難引導幼兒進入文學的殿堂。老師所扮演最重要的角色，是為幼兒建立一個支持性的文學團體和對話環境，以及提供以文學為基礎的深廣的學習經驗。孩子在學習中需要有強烈的社群意識，如果缺乏信賴，就無法合作建構意義；老師做為課程的催化者和支持者，除了發展實作，更要不斷檢視自己的理念與教學，並持續自我修正（Short & Kauffman, 1995）。

CHAPTER 2

幼兒的閱讀理解
與文學回應

　　過去認為幼兒學習讀寫要先會認字才能讀、能寫正確的字才算會寫，至於意圖要讀、從圖畫理解、自編故事或塗鴉……等，都不被當成是讀寫的行為表現。直到七〇年代以後才逐漸意識到幼兒這些讀、寫的初步意圖是在建構、測試語文，是有其發展的順序、目的和意義的（Clay, 1975）。本章將廣泛針對幼兒如何閱讀、理解和回應文學做基本的探討，以提供教師實施文學教學之依據。

幼兒如何閱讀文學

　　在學校日常閱讀和欣賞文學的活動中，會看到幼兒有如下的閱讀行為表現（Lamma, 1985）：

- 對文字表示興趣。
- 能自創一個故事。
- 對老師出聲朗讀過的書會去翻閱。
- 在自由活動時間會選擇閱讀寫作。
- 問有關印刷文字的問題。
- 知道文字有意義。

- 能預測故事的結果。
- 有個人最喜歡的書。
- 會重複閱讀喜歡的書。
- 會帶與教學主題有關的書到學校。
- 能說出一個熟悉的故事。
- 能指出書上個別的文字。
- 能在書架上找到熟悉的書。
- 會注意環境中的圖像或文字。
- 會仿寫、口述再由他人記錄。
- 會記得故事的細節。
- 會比較圖書、作者、插畫者。
- 會從班上或圖書館借書。
- 會嘗試讀不喜歡的書。
- 會對讀過的書發表意見。

他們常會自選書本、打開書指唸、談話，或遊戲時會用書的內容情節、翻書重述故事、特別指明書上的角色或行動事件等……，另外還有（Fresch, 1991）：

- 會重複閱讀，從一再閱讀一本書中獲得熟悉感，「重複」讓幼兒有信心，強化他們已知道的，並提供正向的增強。
- 會再回去看與老師或同儕共同閱讀過的書。
- 常會回到一本「靠山」的書（anchor book）上去，例如一本最喜歡的書；當閱讀不熟悉的新書時，會回到這本書中重溫熟悉的安定感。
- 閱讀一本書熟悉後會停留一陣子，然後再試讀一本較難的書、再讀較容易的書……，如此來回反覆而閱讀能力漸增。
- 重複閱讀熟悉的文本時，會開始注意收集重要訊息和使用策略，包括情境的、結構的，再用以解讀新字詞。
- 選書會顯示目前學習閱讀的階段，例如重複閱讀舊書是建立信心的階

段，要確保已擁有的能力；選讀新書則象徵想要冒險，用策略在新的文本上測試和探討，以擴充自己的能力。

- 發現文字的其他用途，例如從書中看到一個熟悉的字時，會想到在哪裡看過這個字，或回書上找，也會將類似的字詞、故事相比較。

學者也特別注意到孩子早期在閱讀文學的圖畫書時，其閱讀注意力是先從圖畫開始，慢慢才轉到文字，其過程如下（Sulzby & Barnhart, 1990）：

- 注意圖畫，但未形成故事：看著圖畫，予以指出或提出意見。
- 注意圖畫，形成口說故事：看著圖畫編織故事，像在口述故事。
- 注意故事，形成書寫故事：看著圖畫書而讀，用字語調都像閱讀。
- 注意文字：看字試著唸出故事、用字音關係而讀或正確的讀。

只要有機會，孩子會在數學裡讀、在科學裡讀、在故事裡讀⋯⋯，從各種閱讀中，幼兒會學到如何選書、如何閱讀（個別、成對或團體）、討論（針對訊息的、文學的不同內涵）和回應（用戲劇、藝術、寫作⋯⋯），這些都成為文學課程活動的內涵。

幼兒如何理解文學

幼兒閱讀時並不只從書中被動的接收訊息，而是會思索內容、統整想法並有所回應。一個好讀者是「建構意義的人」（meaning makers）（Wells, 1986）──在閱讀過程中不斷建構意義。心理語言學家相信，幼兒學習閱讀時，所用的策略和成人相似，如用到「古德曼模式」的閱讀歷程（Goodman, 1967）：預測（predicting）、確認或糾正（confirming or correcting）、理解或統整（comprehending or integrating）等。他們會用猜測、取代字詞的方法來設法了解文意，也會藉著預測、融入先前知識、提問推論、比較對照、思考相關案例、組織事實或觀念、批判創造、不斷修正等方法，來進行積極的意義建構。

文學的作者藉著創作來傳達訊息，而讀者在閱讀過程中，也有他們的知

識、感覺、價值觀和後設認知策略的回應，其間的交互運作影響了文本解讀（Wells, 1986）和意義建構。有四個因素會影響幼兒的建構，可做為協助其學習的著力點：

- 先前知識：包括對文學內容相關知識的了解、感情和興趣等。
- 語言使用的知識：了解某個字句放在書中位置所代表的意義。
- 文本組織和結構：不同文本有不同的組織與結構，例如「說明性文本」是在介紹、說明知識的內容；「敘述性文本」則有場地、角色、對話、衝突、解決和主題等的呈現，讀者會用這些結構因素幫助理解。
- 後設認知能力：較大讀者會知道自己了解文本意義的能力，例如讀過故事後會自問「這故事對我有什麼意義？」這種能力會促進讀者的自我修正和最終理解。

其實幼兒理解文學的能力發展得很早，當父母開始讀故事給他們聽時，就經常會與日常生活經驗相連結（Taylor, 1983）。四歲幼兒通常已能說出故事中最喜歡的部分、能簡短敘述故事重點、角色特性和與生活經驗相關的地方。閱讀時會對書中關聯加以猜測、預測，彼此提供解釋或回答問題，例如當老師問什麼是「不新鮮」？有幼兒答「就是臭臭啦」，大家就都了解了。孩子會注意書中語言，常在討論中途插嘴急著說出感受和想法。

孩子對文學意義的理解其實包括很多的認知過程：像分析、比較、評估、判斷、記憶、反省、想像及尋找關係等。理解力也包含三個層次：最低是「字面的理解」（literal comprehension），即了解字面意義（read on the lines）；再來是「解讀」（interpretation），能讀出字裡行間的意義（read between the lines）；最高的層次則是「批判性評估」（critical evaluation），能讀出間接的意思或言外之意（read off the page）。孩子成熟度不同，也會以不同的速度學習；老師宜注意他們對意義建構的過程與反應，仔細觀察才能了解其主題意識的形成（Paley, 1981）。

老師要做一個好聽者，不隨便干擾、盡量鼓勵，孩子們才會放心的提問和討論；善用「發問」技巧以啟發其思考，鼓勵幼兒多練習推論、應用、討

論、比較、對照、摘要、預測、辨明動機和知覺各種關係等；且要問「開放性」的問題，只分享而不做太多說明或道德解釋。另外，也可進行重述故事、記錄討論、找尋資料解答問題、使用圖表組織、進行相互性教學（reciprocal teaching）（Palincsar & Brown, 1984）、提出讀後意見、澄清困惑的段落等活動，這些都能增強兒童的理解力（Tankersley, 2003）。老師也可示範並協助幼兒了解文本的寫作型態、注意情境和結構線索、加入讀者的評估，或鼓勵他們將想法透過音樂、藝術、戲劇、寫作等形式來回應。

幼兒如何回應文學

小讀者和成人一樣，在閱讀時會設法了解書中意義、產生感情回應和發展本身的詮釋（Rosenblatt, 1978），閱讀就是這種介於讀者和文本之間的「轉換」及從中建立意義的過程；這種「轉換理論」（transaction theory）說明了讀者與文本的關係是互補存在，在閱讀時互為影響的。讀者在閱讀文本時，帶著本身的經驗和記憶、文化背景、觀點及語言特性等，其反應自然不同。閱讀情境中的刺激、目的、情況、先見、注意力、立場及所讀圖書等，也會影響閱讀的轉換和反應；連老師的期望、教室氣氛、問題指導等亦有影響。這種閱讀的轉換理論引發了以學生回應為中心（student response-centered）的教學，幼兒如何回應成為教師引導和延伸課程之依據。

當老師在為幼兒閱讀或討論文學時，幼兒會表示出是否喜歡的看法或表達意見，歸納其主要的口語反應約有四類（Allen, Giard, & Kristo, 1991）：

非言語回應（non-word responses）

幼兒在聽老師說故事時不會阻斷故事敘述的流暢性，而是睜著眼睛、身體隨劇情和事件發展而自然扭動。

言語的回應（literal word responses）

幼兒會一再模仿或陳述書中特別有趣的音調或詞句，對不明白的新字句

會彼此解釋，無形中增加字彙知識。

評估性的回應（evaluative responses）

此時已超越表面的回應，而意圖了解書中角色或作者的用意，如「我不懂主角為什麼要這樣？」「作者幹嘛把他畫成這樣？」開始反思自己的想法與價值觀，並與生活經驗相對照。

延伸回應（extension responses）

幼兒有機會讀到不同類別的作品而能比較評論或提出替代性觀點，如「這個公主跟我們以前讀過的公主不一樣」。

這些回應可能交相出現在各種聆聽、閱讀或討論文學的行為中，可看出幼兒的語言表達與思考反應。Kiefer（1995a）也用 Halliday（1985）所歸納出語言的四種功能及基礎，來分析幼兒對文學的口語反應形式：

訊息的語言

為提供訊息、指出或說明的功能。能說出插圖的內容、說明藝術形式和技巧、描述畫出的事件、比較插畫內容和實物、比較兩本書等；例如「這張圖是用粉蠟筆畫出來的」。

啟發的語言

為嘗試、啟發、解決問題的功能。對插圖內容或事件感到疑惑，以及對事件動機、角色行動、插畫意圖做推論等；例如在《十四隻老鼠大搬家》中，幼兒發現圖畫中只有十三隻老鼠，推論是因其中一隻老鼠動作太慢、常趕不上家人活動，因而未及出現在畫面上所致。

想像的語言

為記憶、創造或想像的功能。進入書中世界成為一個角色或觀察者，創造形容比喻的語言、描寫心中意象，或說明圖書內容與想像不同等；例如「這個地方很漂亮，好像天堂」。

個人的語言

與個人經驗連結，報告感受、陳述意見的功能。將事件、場地或角色做個人化的連結或表達感覺與欣賞；例如「我覺得他們兩個都很可憐」、「這個拼貼我也會做」等。

從上述例子可看到幼兒在回應文學時所表現出的豐富的語言與思考。

老師為幼兒閱讀文學時可能有其目的，幼兒也會在聽讀中主動吸取事實或體會美感經驗、會問不明白的事，或提出建議和比較。讀者對文學意義的體會或對文學閱讀所採取的立場通常有「傳輸」和「美感」兩種（Rosenblatt, 1993a）：「傳輸閱讀」（efferent reading）是閱讀時專注在記憶訊息、歸納結論、解決問題、分析觀念及測試命題等方面的回應；「美感閱讀」（aesthetic reading）則是注重讀者所看、聽和想的，文本所喚起的內在思考或感受。前者強調記住文本傳達的內容，後者鼓勵進入故事和角色的世界，透過體會來創造自己的了解；而閱讀愈多，就有愈多內涵可以融會貫通。孩子對文學的廣泛回應還包括：

- 發問：書中令他們困惑、懷疑、不熟悉的地方。
- 專注：某些抓住他們的點（我喜歡這部分……）。
- 關聯：個人經驗、書內的、意象的。
- 假設：預測、推斷、反省、延伸故事。
- 解釋：因果、類化、結論。
- 文字／語言：字母、詞句、押韻形式。
- 內容：重述、聽、序列、總結。
- 表演：口語表現、角色扮演、戲劇演出。
- 分析：批判寫作內容、插畫和書本設計。

其實，在閱讀的過程中，讀者就是在「傳輸」與「美感」兩種立場之間移轉。但研究發現，幼稚園到三年級兒童在閱讀文學的反應中，美感立場常多於傳輸立場，也多集中在個人意義的建構上（Cox, 1994）。在未受老師的

特別提示或引導之前，反應也是以審美的立場較多，像是上述前四項而非五、六、七項的內容。討論時老師如果一味要求幼兒說出標準答案，他們將無暇體會美感經驗，而是忙著應付記憶性的問題，最後可能導致膚淺的體會和回應。因此，老師應盡量經營一個開放的討論環境，多問促進思考的問題，多給孩子回應和融合認知與詮釋能力的機會，激發並接納他們不同的觀點，鼓勵批判及讀後的畫、寫、唱、演等回應經驗；也有必要兼顧並喚起兒童對文學的兩種回應立場。表 2-1 即是可能引發兩種立場的提問問題。

　　好的閱讀並不只在教導事實或引發膚淺的回應而已，更不能只照本宣科卻忽略孩子的體會，而是要鼓勵兼顧「傳輸」和「審美」的立場。老師的引導不只強調認知或知識的獲得，還要有情意與審美的薰陶（張湘君，1992），也就是要揭露書中的事實和美感、認知和情意，以及原義（denotation）和涵義（connotation），讓幼兒深受啟發。

　　但兒童對文學的回應既是個人經驗也是社會經驗（Rosenblatt, 1978），會從中產生同儕分享的想法與新意。在讀後的討論或扮演中，孩子一開始會聽其他較有知識的孩子的帶領和指揮，直到逐漸熟悉故事和有自己的解讀為

表 2-1　可促進審美和傳輸閱讀立場的提問問題（Cox, 1997）

促進「審美」立場的提問	促進「傳輸」立場的提問
你認為這個故事如何？	作者在這故事中的主要意思是什麼？
你想知道有關這個故事的什麼？	這故事中的問題是什麼？
對這故事你曾懷疑什麼？	作者如何解決這個問題？
你最喜歡的部分是什麼？	請重述一遍你最喜歡書中的哪一部分。
像這樣的事曾發生在你身上嗎？	告訴我這個故事事件的順序。
這故事讓你想起什麼嗎？	描述一下主角和他的行動。
你會想改變故事中的什麼？	和其他類似的故事做比較和對照。
你認為還有什麼會發生在這故事中？	這故事是事實還是小說？
如果你是故事中的角色，你會做或說什麼？	這個角色的感覺如何？

止（Cochran-Smith, 1984）。在文學的情境中，幼兒會產生想像遊戲，這種探討意義、與書的互動和遊戲都是統整的機會，可用來檢驗生活觀點、發展知識和體認自身的行為與情緒。Hickman（1981）發現幼兒是唯一會用戲劇遊戲來回應文學和用身體動作探求故事意義的人；孩子了解，文學提供機會讓他們在現實中能以可被接受的遊戲方式來面對和處理各種不便直接呈現的心理問題（像是害怕與衝突）。老師可運用這些反應的機會，設計遊戲的結構和內容，幫助孩子完成心理的安撫和最終意義的建構。遊戲對孩子的成長與發展很重要，當遊戲與文學融合，會提供孩子更大的學習空間，滿足其需要和學習。

老師能做的不只是一味的教導文學或說教，而是提供時間、空間；在一個接納的環境中，鼓勵兒童接近文學、盡情閱讀、討論欣賞、合作遊戲……，這些都需要有所了解和洞見，而非僅只是將文學納入課程中而已。

CHAPTER 3

文學環境與準備

老師如果只是一味的教導文學和實際的讀寫技巧,未必會有明顯成效,反而是在孩子平日閱讀所產生的戲劇或遊戲中,更能看到他們將欣賞、體會和讀寫能力自然融合的情形(Neuman & Roskos, 1991; Yaden, Rowe, & MacGillivray, 1999),由此可見營造一個鼓勵的環境的重要性。老師有必要創造一個資源豐富、能培養閱讀與反應、充滿遊戲和讀寫機會的環境,才能促進幼兒文學的學習(Hickman, 1995)。

建立文學環境

考慮孩子的學習需求

環境設計要能鼓勵孩子的文學興趣和讀寫發展,讓他們明白這個教室對文學的重視,和能在其中學習。除了依孩子的特性和興趣設計,也需調整來讓孩子走出熟悉老環境、嘗試新挑戰(Raines & Isbell, 1994)。孩子是積極的學習者,他們在與朋友和環境互動時會積極建構意義,但平日較少選擇像閱讀角這樣安靜的領域停留,因此老師要讓孩子感到這是會發生有趣事情的地方,鼓勵他們參與。除了要添購足夠的圖書材料以供閱讀、討論、查詢之外,

還應檢驗閱讀角落的安排,以促進和擴充互動機會;例如座位應讓孩子感到舒服和利於活動,以枕頭、靠墊、矮凳等小設備形成不同的閱讀空間。空間規劃還需讓孩子既能獨自享受閱讀,也有與人討論的場合;可容小組的空間讓孩子活動、討論或扮演,只容兩人的空間也能形成合作的閱讀。設計空間更要從孩子的角度來考慮,了解孩子占有多少空間、是否容易拿到圖書、是否願意在此停留等。明亮、整潔的環境較能激發愉快的停留和互動,圖書的有趣陳列也較能吸引孩子閱讀。

充實文學的環境與設備

圖書角落

教室中圖書的數量多少才合適?Morrow(2002)曾建議,班級內每個孩子應有五到八本書,二十人一班,則至少應有 100 到 160 本書。Taberski(2000)則認為,至少要有兩千本書在班級內,才夠幼兒各種學習之所需。目前我國立案幼稚園中至少有教育部提供的三百多本圖畫書的數量;但這只是基本,還要不斷增加。擴增教室藏書的方法包括:積極申請經費購買、收購二手舊書,或向家長及社區募集等。

除了足夠的圖書之外,還要創造讓幼兒與圖書互動的空間,那應該是個安靜不受干擾的閱讀角落,幼兒可以流覽、閱讀和聽老師為他們朗讀;也有地毯、枕頭、搖椅等設備增加愉快舒服的氣氛,還有各種紙筆可隨時寫下想法和意見。老師可利用教室內、外空間安排桌椅,讓幼兒進行個別、成對或小組等不同型態的讀寫活動。另外,也可善加運用娃娃家或扮演區來刺激想像遊戲和戲劇的產生,連結起幼兒的語言經驗和文學學習(圖 3-1-1~圖 3-1-2)。

♥圖 3-1-1　圖書角

♥圖 3-1-2　閱讀角落

　　圖書環境的安排應能邀請孩子彼此互動、培養獨立閱讀、容易操作收拾，且不能處處依賴老師。圖書放在開放的櫃子或高度適當的桌子上，擺放時封面朝上是為了特別介紹，把書立起來露出書脊是為了節省收存空間；前者對孩子的吸引遠超過後者，但也有必要共陳。圖書容易取得會使幼兒更願意去接近，並能鼓勵獨立閱讀和維持興趣。另外，陳列圖畫書海報、絨布板、故事偶、絨毛玩具、相關資訊等，都能豐富圖書區、促進文學的學習。老師也可以試試看自己是否願意留在圖書區，以體會幼兒的感受（圖 3-2）。

♥ 圖 3-2　　圖書角的各種設置（附彩圖）

圖書排放和陳列

　　教室中圖書的排放可分成「核心收藏」（core collection）和一個或更多的「週轉收藏」（revolving collections）（Morrow, 2002）的方式，隨時供兒童的需要使用。前者是教室中基本需要的圖書，可依文類或不同的主題顏色來區分，清楚陳列在書架上，易於辨識和取用；如動物類書用紅色標明、昆

蟲類用藍色標明、訊息類書和詩歌類書各用不同顏色表示等。後者則依幼兒
興趣或學習重點來組織，如正在進行的主題活動或作者研究的範圍；也可依
書的難易、主題、類別、作者或插畫者的不同，排列在書箱、書櫃或容器中，
以利展示、搜尋和取用，老師也可與孩子一起發明或決定陳列的法則。圖書
角提供借書時，可讓孩子練習填寫名字或書名，體會上圖書館借書的經驗；
用不同顏色長形紙條，可幫幼兒尋找、定位和將書放回原處，易於收拾也省
下老師協助整理的時間（圖3-3）。

♥ 圖 3-3　易於收拾整理的圖書櫃

　　設計一個特別的角落或告示板，為幼兒陳列和介紹新書；可選擇打開圖
書的主要插畫、故事重點，或特殊事件的書頁來展示，或依教學目標而呈現。
經常輪換展示的新書、陳列同一或不同作者或插畫家的作品，也可以提升幼
兒欣賞的能力與趣味。另外，展示與文學主題有關的道具也很吸引人，例如
介紹《賣帽子》時，陳列許多帽子，顯現與幼兒真實世界的相關經驗，較易

引起他們的閱讀興趣。

　　教室應同時有開放和封閉的儲藏空間。封閉的儲藏是放一些較不常用的東西，開放的儲藏則是可以讓孩子隨時自由取用材料。老師要能明示空間、圖書、材料和使用的規範和彈性，並示範收拾的方法，有秩序但不呆板。太多圖書同時陳列會讓孩子感到雜亂而不知如何選擇，輪流陳列才能吸引孩子和保持新鮮感；空間和內容的適當調整，更能抓住他們的好奇心。老師可以和幼兒一起創造有趣的陳列方式，例如以曬衣線陳列故事圖或創作的作品等即是（圖 3-4）。

♥圖 3-4　以晒衣線懸掛幼兒作品

閱讀媒材和道具

　　除了圖書之外，故事錄音帶或視聽器材也是很好的閱讀輔助工具，可在老師忙碌時讓孩子自行操作使用。如幾名幼兒同時想聽一個故事，而老師分身乏術時，教室可裝設一個主機和幾副耳機的設備（圖 3-5），讓幼兒一起聆聽和分享（圖 3-6）。故事錄音帶可購買現成的或由家長義工錄製，將錄音帶

♥圖3-5 有一個主機和幾副耳機的視聽中心

♥圖3-6 幼兒共用一個錄音機聽故事

和書本放在一個文件夾內讓幼兒自選來聽。老師和家長製作錄音帶不但可以節省經費，也能增加孩子聽故事的親切感。製作一個大絨布板當故事背景，讓幼兒練習重述故事；或提供小磁鐵板，用自製故事卡或道具說故事，這些都能幫助發展對故事結構的了解。另外，偶是方便的說故事工具，紙偶、布偶、木棒偶……等皆可來自廢物利用。故事盒是將故事道具或自製教具圖片收集放在鞋盒裡，寫上故事名稱儲存好，可隨時拿出來供幼兒重述、扮演或與文本相對照。這些視、聽、觸覺的各種故事道具能讓幼兒更沉浸在文學趣味中（圖 3-7-1～圖 3-7-5）。

♥ 圖 3-7-1　紙板偶

♥ 圖 3-7-2　圍裙故事

♥圖 3-7-3　故事板

♥圖 3-7-4　絨布偶

♥圖 3-7-5　紙杯偶

融合其他活動角落

　　圖書角的位置應離開其他喧鬧或動態的地點，以維護安寧不受干擾。由天花板垂吊下來的布簾或蚊帳圍成特別的一角，或用棚子搭建的隱密角落⋯⋯等所形成的閱讀空間，都對幼兒有特殊的吸引力（圖3-8）。除了圖書角落，還可運用娃娃家的活動讓孩子將文學融入遊戲或扮演中。適當的文學能擴充幼兒在教室中的遊戲經驗，例如他們會用文學中的字彙表達意思、重現和扮演文學故事的內容。有時幼兒也會將文學體驗和積木角、自然角的活動結合，實際操作真實的積木或物體，以表達文學的內容；或將圖書作為自然實驗的依據。老師將文學放在彰顯學習主題的角落，顯示文學是學習活動的主要內容，進而聚焦文學的讀寫與相關課程的活動。

♥圖 3-8　吸引人的閱讀空間

寫作與展示空間

　　教室中讓幼兒進行獨立創作、與人合作或小組寫作等活動的空間也不可少；除了需要有適當高度的桌子，也應提供各種易於取用和整理收拾的寫作工具和材料。如果孩子尚無法掌握小紙小筆，可在教室開放一面寫作牆，讓孩子創作故事和插圖（圖 3-9）。也可擺設一張大桌配幾張椅子，鼓勵同伴或小組寫作，或與朋友分享作品；陳列字典、注音圖表和電腦，可提供給有需要的幼兒參考使用。

♥ 圖 3-9　幼兒共同創作的故事壁畫

　　展示幼兒作品及分享訊息的空間也要考慮；陳列幼兒文學的學習作品，表示重視學習的成果，亦有鼓勵作用。考慮幼兒的視力高度所能及，老師需充分利用教室空間呈現作品，例如放在展示牆、一張特別的桌子上或適當方式的垂掛等皆是（圖 3-10）。

♥ 圖 3-10　幼兒自製小書的展示

建立班級程序

　　為了進行文學的課程，讀寫文學將會是每日作息的主要活動，有固定的時間進行，也需訂定明確的作息程序。

作息安排

　　老師可為幼兒安排固定進行文學活動的時間，像是出聲閱讀、獨立閱讀或與朋友共讀、讀後討論、寫作回應及分享作品等（Atwell, 1990）；活動型態則包括團體、小組、個人等。下面是一個以文學組織課程的二年級班級的日常作息（Au et al., 2001: 41）：

8:30　到校／晨間活動

8:45　讀者工作坊（reader's workshop）：包括晨間訊息、老師出聲
　　　閱讀、和老師座談的閱讀團體、獨立個別活動（沒有活動的

小組則進行：寫回應日誌、讀小團體的選書、在閱讀角聆聽
或讀書、練習拼寫等）

10:15　點心、休息時間

10:35　數學

11:30　午餐

12:00　讀者工作坊：包括安靜或同儕閱讀、和老師或同學圖書討論
　　　等活動

12:30　史地、科學、健康、藝術或音樂（每天輪流進行）

13:30　休息

13:40　寫作工作坊（writer's workshop）：包括迷你課程、獨立寫作、
　　　教師或同儕座談、分享等活動

14:45　評量、收拾

15:00　放學

　　各項活動將於之後再做詳盡的說明，由此可先大致了解文學課程活動在
每日作息中的安排和內容。老師對每天的學習時間做適當的整合和掌握，建
立活動慣例，才不會浪費時間和資源，這也包括老師用來教導文學的例行活
動和組織策略。幼兒喜歡老師早上迎接他們到校，並協助他們選擇展開一天
的活動，或進行自由活動，接著是短暫的音樂和團體討論時間以及戶外活動。
團體時間又稱「圓圈時間」（circle time），幼兒可積極參與在文學相關的
聽、說、讀、寫、討論和與主題有關的活動中，此時幼兒的興趣被引起，接
下來就分別到小團體去擴充經驗，或到各角落選擇感興趣的活動進行。學習
組織包括了團體、小組或個人的不同學習方式，老師可提供孩子選擇，並積
極加入和他們一起學習。作息表上固定的文學讀寫活動，通常每段只有二、
三十分鐘，但重視每天的規律進行。對孩子強調這些活動的重要性及目的，
然後立下規則、示範做法、形成慣例，就比較能順利穩定的進行。

常規的建立與實施

活動的規矩

　　進行文學活動時有一些規範要遵循，老師可和幼兒討論出共識，一起寫在海報上隨時參考（圖 3-11）。規則包括做什麼事情、如何使用材料、如何合作等（Morrow, 2002）。例如：

♥ 圖 3-11　幼兒自訂使用班級圖書館和借書的規則

- 在讀寫的角落必須要讀書、雜誌或報紙，不能無所事事的隨處遊走；但可以和朋友一起讀書，別人為我讀書時要注意聽。
- 可聽故事錄音帶、用各種道具（絨布板或偶等）欣賞或演出故事；可以為讀過的書寫故事、畫圖或做書，或依學習單進行活動。
- 會自己借書和登記，將讀過的書做紀錄，用過的教具或圖書要歸位，小心維護以方便他人再使用。
- 輪流使用材料、不爭搶圖書；記錄完成的工作、收集自己的作品檔案，並分享學習成果。
- 做完應做的事才去做其他活動，活動時小聲講話不影響他人。

• 安置完成的作品，記得分享材料、輪流和幫助同伴。

另外，老師也可依材料設備量決定活動的適當人數，例如教室只有五副耳機，就提供五張說明卡或學習材料，表示只有五個人可參與此活動，別無多餘空間和設備。這些規定都可因應班級中學習的活動和目標而做修改，以求更切合實際。

討論時的注意事項

討論是閱讀中的重要活動，老師應先提醒幼兒注意討論時的禮貌，像是要輪流發言，不能獨占時間或干擾他人，並要回應別人提出的問題和想法等。討論時不要讓少數人有分心或被遺忘的感覺，在冷場或偏離主題時老師也應適時介入。討論的禮節和注意事項也可由幼兒商量後自訂，在有一些經驗後，幼兒更能體會什麼是討論中必須注意的事情，而能訂出合宜的守則。

至於分組討論的安排，在五到八人組成的異質性小團體中，幼兒比較會注意聽別人的說法和提出回應。讓他們留在同組一段時間，較能學會彼此聆聽和建立信賴；而在了解彼此的貢獻之後，也較會有成熟的對話產生。老師可以提示團體互動的規則，像是孩子可直接討論，不必等待老師發問或指定說話順序，但要遵守發言秩序和尊重發言的人。如討論時坐成圓圈彼此才看得見；每次只能一個人說話，其他人專心聽；要集中在主題上；每人至少輪到說一次，但不獨占談話時間太久。成員要能彼此傾聽與參與，才能進行和維持好的討論，因此要學習如何聽話和說話（Galda & Strickland, 1997）。老師除鼓勵孩子彼此回應外，還要能適時摘要或總結他們所說的話，以確定其想法並防止失焦。發問時要看重孩子的回應，並提出進一步擴充孩子了解的問題。

鼓勵合作學習

老師教學時的指導會因控制程度的高低有差別，而產生不同教學方式，

導致孩子參與活動的程度也不同。如圖 3-12 所示，老師的控制程度愈高時，教學愈直接，孩子會愈低活動；而老師控制少些，孩子愈能自發參與和產生較高的活動。因此，盡量減少老師的控制才能引發孩子主動和合作的學習態度。

老師最好為幼兒安排可以合作學習的機會和環境來促進學習，幼兒可以一起閱讀討論，藉由互動合作而彼此解釋、聆聽和達到了解。不同程度的幼兒一起合作，能接納彼此的不同，能力較好的也會協助別人。合作學習的活動方式有（Johnson & Johnson, 1987）：

- 小組學習（student team learning）（Slavin, 1990）：老師引導一段內容後，讓混合不同能力和性別的小組合作學習，以互補不足、加深了解。
- 團體調查（groups investigation）：二到六人一組，選一個主題分工研究，並寫成報告或做展覽呈現。
- 一起學習（learning together）：四至五人的異質性小組合作建立信賴溝通的社會技巧、彼此支持完成團體工作，並建構性的解決衝突。

在團體和活動的選擇上，老師可提供兒童不同的選擇（例如跟誰合作？做什麼？），有時由老師選，有時由兒童決定，這種獨立性就是合作學習的目標。幼兒需要練習參與合作，開始可能不知道要如何做，逐漸了解才會定下來活動。其他還可以再深入合作讀寫的活動包括：能力相當的讀寫同伴、

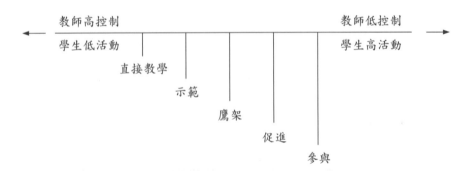

♥ **圖 3-12** 教師控制程度與教學方式（Raphael, Pardo, & Highfield, 2002: 16）

文學圈（literature circle）、寫作座談（writing conference）、引導教學（guided instruction）等（Calkins, 1986; Graves, 1983），將於後續各章再詳細討論。

　　總之，一個有效的文學學習環境需要老師用心準備、建立規範、提供示範，並積極與兒童互動。老師要能協助啟動、引導鷹架、適時介入；在準備和創新環境之外，也需隨時加以評估修正。

CHAPTER 4

文學課程安排

　　進行文學的教學首先要選擇運用優良的文學作品。老師需要熟悉幼兒文學，了解有哪些好作品及如何購得；可以參考童書出版社、報章雜誌專欄、兒童文學期刊、學術著作、網路書店或兒童電視節目上的推薦書籍等。平時則可關心出版動態，留意新作品的出現，隨時吸取出版品的新知。至於圖書來源，除了到書店購買、圖書館借閱，也可向家長或社會募集；或到二手書屋、跳蚤市場尋寶；或善用圖書經費、縮減輔助教材數量，改以購買優質幼兒文學或圖畫書來取代。

文學的選擇

　　全語言運動引起對學習及文學的重視，繼而推動以文學為基礎課程的實施（Raphael & Au, 1998; Sorensen & Lehman, 1995）。將豐美的文學運用在讀寫或課程中早已有之（Galda & Cullinan, 1991），文學的語言不同於日常用語或教科書中的文字，它有豐富的詞彙和結構，且更抒情、詩化和有風格，讓讀者不只看到寫了什麼，還會思考如何寫（Cullinan, 1992）。文學是生命的鏡子和窗戶，卡夫卡（Kafka）曾說：「書是利斧，一刀劈開我們內在冰冷的心海」（a book is an ax to break up the frozen sea within us）；它融化了冰冷的

感情，教孩子表達感受和有勇氣面對困難。文學中包含大量人類情感問題，除滿足讀者的閱讀和學習需求，還可以：(1)擴充生活經歷：藉著閱讀去發現其他的文化、生活、思考和時空；(2)延伸想像：鼓勵從「這是什麼」想到「這可能是什麼」，面對困難因有想像而不放棄希望；和(3)具有轉換力量：在閱讀中經歷別人的生活，照映自己而有不同的觀點，進而解決問題（Short, 1997）。

另外，不同類型與內容的文學還有不同的重要功能，像是可以：

- 學習語言：閱讀時會學習文字的意義、了解故事、探討文學因素和技巧，還會討論、預測、發問、連結經驗和分析，以及學習語言的各層面。
- 探討課程：豐富的文學提供兒童無盡的學習機會，或可藉各種主題的組織，探討不同的學科領域。
- 認識世界：讀者在閱讀時體驗書中不同的思考和生活方式、轉換對世界的了解，並享受欣賞的樂趣。
- 批判世界：文學可用來探討文化、偏見、種族等各種問題，啟發對世界的責任和了解，也可用來檢驗自我、採取行動和改變社會（Freire, 1987）。

在選擇品質優良的幼兒文學時，應考慮下列的特性（Cullinan, 1992; Marriott, 1991）：

- 製作良好、印刷和裝訂吸引人。
- 文本寫作佳、所用語言適合。
- 具有高品質的插畫和適合的主題。
- 文本與插畫互補性高。
- 文圖都能鼓勵讀者的心智運用和意義建構。
- 故事有意義且具娛樂性和趣味性，能滿足讀者。
- 插圖具視覺表現特色，可供藝術欣賞。
- 可供練習語言和閱讀的技巧。

- 直接間接與真實的經驗或感覺相關聯。

- 能讓孩子喜歡，並引發討論分享和後續的活動。

其實孩子本身所喜歡的好文學都具有：描繪生動活潑、文字淺顯易讀、有動人感情、富幽默感等特質。使孩子樂於閱讀的文學因素則有：符合兒童的心理發展、容許讀者的認同與想像、滿足讀者的希望、抱負和人的基本需求等（Short, 1997）。另外，也要能促進幼兒認知發展、幫助他們成為成熟流暢的讀者、發展讀寫和討論能力、提供社會經驗和合作活動、連結文學與視覺藝術形式，及幫助發展審美意識等（Marriott, 1991）。其他像考慮文本特性、讀者的閱讀能力及是否需要運用線索來閱讀等，以及內容是否存在著對特殊族群、性別或重要議題的偏見或誤導，也都需要老師的敏感覺知。對較不愛閱讀的孩子，則可考慮幽默或趣味的內容，才能引發興趣。

上一章已討論過如何在教室中建立豐富的圖書和讀寫環境，而除了文學圖書之外，報紙雜誌、視聽材料、電子讀物等也都可收集。老師需對文學及其對兒童的影響有所了解，常對孩子讀書並保持記錄，才能做好挑書、買書的工作。在班級中選擇、採買、組織和管理書籍資源是一個繁複的工作，也是教師效能的一大考驗，需要考慮：

- 謹慎處理圖書的組織、整理、登錄、陳列等，不要隨便堆放或棄置。

- 書籍應輪流擺放，可配合主題陳列。

- 建立圖書標籤和紀錄的使用系統。

- 注意學習空間與氣氛的經營，配合主題是一個好的開端。

- 鼓勵借書和讓幼兒帶書來校交換借閱。

幼兒文學的種類與資源

幼兒以不同的方式學習閱讀，也有不同的興趣和閱讀經驗，老師能做的是盡量為他們提供不同類別的好書，以滿足其知識、技能及探究的需求（Graham & Kelly, 2000）。文學有廣義和狹義兩種定義，廣義的「文學」分為小說

與非小說兩類；前者包括純文藝性的民間故事、寓言、神話、傳說、現代童話、生活故事、詩歌等文類，後者則指非文藝性的訊息類讀物和傳記等。狹義的文學則指純文學小說類，一般所指文學應是廣義的文學（Short, 1997）。老師選擇的書常決定了孩子的閱讀，所以範圍宜盡量廣泛，如圖 4-1 中的不同類別都應包括在內。

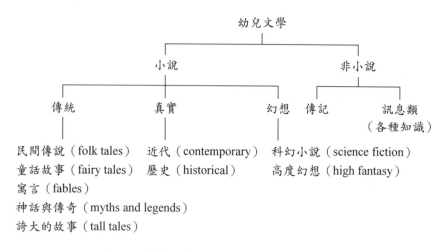

幼兒文學
　小說　　　　　　　　　　　　非小說
傳統　　　真實　　　幻想　　傳記　　訊息類
（各種知識）

民間傳說（folk tales）　　　近代（contemporary）　　科幻小說（science fiction）
童話故事（fairy tales）　　歷史（historical）　　　高度幻想（high fantasy）
寓言（fables）
神話與傳奇（myths and legends）
誇大的故事（tall tales）

♥ 圖 4-1　幼兒文學的類別（Au et al., 2001: 61）

　　至於教室中的主要藏書，可有下列數種：

套書、系列書或核心圖書

　　套書大約有兩類，一種是有關同一角色的系列創作，如《好奇猴喬治系列》；另一種是由不同作者所寫，但有一致的包裝和設計的系列出版，如《魔法校車》。有些寫作的風格模式會讓讀者習慣而有所期待，像閱讀過《哈利波特》前兩集的孩子，因為較熟悉的緣故，會更快進入後面幾集的寫作型態。國內出版社常出大部頭的套書，不單獨出售，卻並非每本都適合幼兒，老師必須要考慮經費條件和幼兒需要來做取捨。

系列書是較大兒童喜歡讀的，此種可記下自己的進度，但也有可能會只讀此類書而不去嘗試其他類別，老師可以建議他們多讀不同的文類或作品。

有些書會因幼兒喜歡而常被選讀，成為教室的「**核心圖書**」；老師熟知其內容，孩子也常會翻讀。其通常具有下列特質（Graham & Kelly, 2000）：

- 明顯的故事：真實觸及孩子的經驗、感情和興趣，反應孩子的世界。
- 預測的機會：幼兒可以理解情節、易熟知內容而樂意加入。
- 鼓勵做活動：使幼兒對知識了解有信心，產生後續的延伸運用。
- 插圖吸引人：插圖充分交代時地背景和文字未提及的部分。
- 語言具特色：具押韻、重複、擬聲等結構特色，激發語言感知的興趣。

老師使用這類核心圖書時要能兼顧進展與重複，除了閱讀新書，對已知故事的熟悉感更能支持幼兒一再重讀；大書、錄音帶、錄影帶等皆可幫助幼兒更熟習閱讀，也讓有閱讀困難者易於重讀。

自製書

圖書除了購買，經費有限時也可以自製，以下是幾種自製的形式：

大書

就是大尺寸的圖書，用來為小組幼兒閱讀，可供其參與討論和學習（Holdaway, 1979），可以是原書的放大或改寫。市售的大書價格較貴，老師可將一般故事書放大或複製，陳列在畫架、椅子或黑板上；現代電腦科技的掃描複製功能也很有幫助。自製或仿製大書費工費時，但過程中也創造了許多師生共同學習的機會，能讓幼兒看到有意義的創作過程及製作技巧（例如寫字順序、文字位置和插圖細節等），無形中會更珍惜而激發讀寫的興趣。幼兒參與製作或分組完成的過程，使他們對讀寫與文學的關係更為了解，有益於日後的學習（圖 4-2-1～圖 4-2-2）。

♥ 圖 4-2-1　閱讀「大書」

♥ 圖 4-2-2　大書的陳列架

故事圖卡和手風琴書

　　故事圖卡的編寫可裝訂成冊，或將一系列的畫頁陳列在牆上或展示板上，標明順序讓幼兒連貫起來閱讀。手風琴書則是畫頁首尾相連，像手風琴的形狀一樣可以展開、陳列和收藏（Holdaway, 1979）（圖 4-3）。

♥ 圖 4-3　手風琴書

投影片

　　過去老師常將故事內容影印或畫在投影片上，圖畫部分再讓幼兒用水性馬克筆畫上（可擦掉重畫）；每頁標上號碼，再將整個故事裝在一個文件袋內，或夾掛在衣架上，以方便使用和參閱（圖 4-4）。

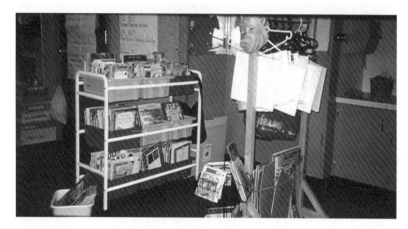

♥ 圖 4-4　故事投影片之陳列

故事捲軸

　　將故事畫在捲軸上，由幼兒或老師操作，一面翻轉一面敘說，全班共同欣賞閱讀，讀完也易於捲起收藏（圖 4-5）。

　　上述這些圖書種類雖然製作費時，卻讓幼兒體會到圖書特質與製作的趣味，其實孩子閱讀文學後，很自然會產生想寫作和製作圖書的主動回應。自製圖書的過程中，幼兒從初期草稿到最後的裝訂完成，經驗到寫作與插畫的決定歷程，對文字、圖畫的掌握也更了解。老師可依孩子的能力興趣，鼓勵他們去了解創作圖書的複雜元素，像是封面包裝、插畫技術、圖文關係等。這些活動也可邀請家長加入，或舉辦工作坊教導製作圖書的方法，讓他們在家延伸這種書寫經驗或和孩子共同完成作品；也可請家長或義工協助提供這類的圖書材料。

♥ 圖 4-5　故事轉軸

電子媒材

　　故事錄影帶、DVD或錄音帶能讓幼兒對故事產生興趣且很快熟悉，對早期閱讀也有幫助。教室可設置視聽設備供需要的孩子使用（圖4-6）；錄影帶很吸引幼兒，錄音帶也能提供不受干擾的持續的聽和讀，可請家長或較大兒童為孩子製作錄音帶，以補圖書之不足。然而，這些雖對幼兒讀者有幫助，卻不能取代老師、父母的親自出聲閱讀或陪讀。

♥圖 4-6　幼兒觀賞故事錄影帶

知名的兒童或幼兒文學常被拍成電影，如《夏綠蒂的網》、《北極特快車》、《野蠻遊戲》、《永生之泉》、《薩尼亞傳奇》……等影片，都是文學名著的電影版，也可收藏供兒童欣賞。電視電影是通俗文化，兒童喜歡看也經常會討論；他們在了解劇本或追尋線索的能力上，很多是從看電視、電影中逐漸學習發展的，以後也會運用到文學的欣賞和讀寫上。科技產品像CD-ROM、網路、電子書等，也都提供不少文學閱讀的來源，老師也可對此領域多加了解應用。

文學融入課程

如何將文學應用於課程教學是基於老師的教學理念和對班級現況的考慮，大約可歸納出幾種不同的運作模式（Lehr, 1991）：

- 在原有課程之外，另外找時間讓幼兒讀文學。
- 在原有課程之外，另外安排部分的全班性文學活動。
- 在相關的單元或主題活動中加入文學，如科學或社會活動。
- 原有的課程進行三、四天，剩下的時間進行文學相關活動。
- 原有課程與文學課程輪流交互進行。

在幼稚園裡可看到不同程度的文學融入課程的安排中，從代表圖表一端的教注音認字、使用輔助教材、較少運用文學、逐漸增添文學內容，到完全運用文學課程的另一端，有著連續光譜般的差異性。目前幼教老師在課程教學中使用文學的程度，如果以食物的隱喻來看，就有像是從甜點、調味料、開胃菜、主食、到全餐的五種文學成分漸增的不同（谷瑞勉，2004）（圖4-7）；顯示老師以文學組織課程的理念及運用上的差別。愈往光譜的右邊，愈顯示對文學運用的深入；其中不斷嘗試融入、修正改變的過程，是老師教學漸趨自主的掌握與表現，幼兒也得到了更自由和切合需要的學習。

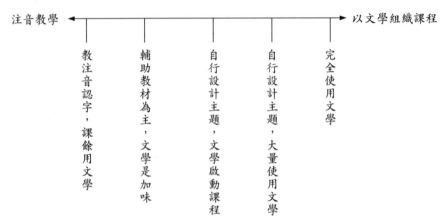

♥ 圖4-7 課程中運用文學的程度差別和隱喻（谷瑞勉，2004）

　　其中不少老師的課程是以單元為主，為引起幼兒興趣、順利進行教學，或為增添單元主題的趣味和深度，而將文學當成輔助單元的語文領域中的一小部分。這種文學與課程的關聯可以圖4-8表示。

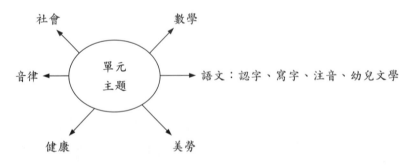

♥ 圖4-8 以文學輔助課程單元活動（谷瑞勉，2004）

　　也有老師將文學當成課程的核心，直接以其做為活動設計的基礎，從各類文學中擷取資源設計課程活動，再延伸擴充到相關課程領域。這即是以文學跨越課程，進行讀寫和相關領域的學習，這種關係可以圖4-9表示。

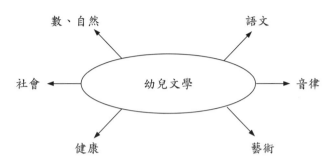

♥圖 4-9　以文學為課程的核心（谷瑞勉，2004）

　　例如將一本書的內容分析出各種相關課程領域的活動，或是在進行科學活動時，先為幼兒讀一段有關天氣的訊息類圖書，這些都是統整課程的活動。此時可將預先收集的各種文類和書群連結，適時邀請和建議幼兒：「你可能會對這本書有興趣，要不要看一看？」或者帶領幼兒從其中一本書的主題切入，依關聯性和擴張性逐一閱讀。

　　至於考慮運用的方式，有老師將教室中的圖書分為「起步、建立信心和進步」等三級（Graham & Kelly, 2000）來區別其難易和適用程度，以方便老師選擇運用。國內一般圖畫書並無明顯的分級，多基於詞彙難易、字句多寡、內容繁簡、幼兒年齡和能力來概略區分，如「本書適合三至八歲讀者」，但其適用性仍有賴老師個人的判斷。老師最常為幼兒「讀故事」，多以幼兒的理解欣賞為閱讀目的，及用於參考和補充主題學習，較少用來做系統化的教學，但這樣的做法也可能會帶來一些誤解，以為文學閱讀是不用教、隨意讀就自然會的；甚至以為閱讀文學和教導讀寫是兩回事，文學只是消遣，無法從中學會「讀寫」，還是要用傳統的教法才行……。這些誤解是實施文學課程時需要釐清的問題。

課程移轉

　　如果能逐漸接受以文學組織課程的理念，老師會想對目前的課程教學進

行改變，試著納入文學，或從傳統教學中移轉。學者建議一些可以嘗試改變的方向包括：減少使用輔助教材或作業功課，增加文學課程活動的時間和次數；從文學出發設計延伸活動，將讀寫專注在功能性的活動和回應上；與同事溝通做法，並設法獲得校方和家長的贊同與支持等……（Johnson & Louis, 1987），這些將在下面各章陸續討論。為了免於在融入文學課程的過程中孤軍奮鬥，如有支援團體彼此鼓勵和協助解決問題，將較容易進行和堅持，其中可嘗試的做法有（Peterson, 1989; Sorensen, 1995）：

- 詢問周圍同事是否願意加入。
- 最好能有師傅（mentor）的引導。
- 成立研究小組，或在大學修課，每週約定時間共讀和討論如何應用於教學。
- 請圖書館員協助，或邀請書店提供圖書支持此一小組活動。
- 教師團體每週固定見面，腦力激盪、分享經驗，或錄影教學以供討論。
- 請專家、圖書館員或教師演講，進行意見交換。
- 組織家長讀書會，提供圖書及討論大綱，進行集會討論。
- 要有清楚的目標、預定進度、切實進行，並經常檢驗目標是否達成。
- 組織放學後的討論小組，邀請老師和家長參加，進行課後研討。
- 將文學課程實作心得發表刊登在教學通訊或刊物上，邀同好閱讀討論。
- 組成小團體互相切磋，或請相關學者專家、文學教育的團體組織指導。
- 與同事進行文學課程的行動研究，並向有關機構申請獎助。

面對現今讀寫、語言與學習理論各方面的挑戰，無論在教學指導、教材、教室管理等方面，都已逐漸移轉到運用多元平衡的讀寫材料與方法、由師生共同承擔學習責任的趨勢。老師需要考慮以文學組織課程的元素，以及如何適當組織教室和管理的問題，才能支持和改變教學。

文學課程的開展

　　幼兒的學習在參與中進行，原有的知識背景受新知識的影響，透過合作和創新而發展，是同化和調適的過程，這需要從有知識的他人獲得回饋，包括示範、接納和被注意觀察等。老師隨時與孩子互動、提供學習機會、適時「鷹架」，藉由提供讀寫活動和把握「可教的時刻」（teachable moment），喚起和支持幼兒有目的的文學和讀寫學習。在一系列鷹架支持的讀寫活動後，老師會逐漸減少支持，讓孩子承擔辨明文字、理解文意、運用策略及趨向正確流暢的責任。可教的時刻大部分隱藏在日常生活或例行的學習活動裡，老師要發掘、掌握這些機會，以奠定教學的基礎。

文學課程的範圍

　　Halliday（1985）認為學習文學或語言是一個探究取向的課程，包含「學習語言」（learn language）、「學習關於語言」（learn about language）和「藉語言學習」（learn through language）三個面向，這說明了文學課程的範圍、重心與主要活動，可以圖 5-1 中三個交疊的圓環來表示。當老師開始把文學介紹到課程中時，目的是讓幼兒「喜歡」文學；安排時間大量為幼兒閱讀，也讓幼兒自由閱讀，並計畫有趣的活動，讓他們逐漸成為流暢的讀者，這是

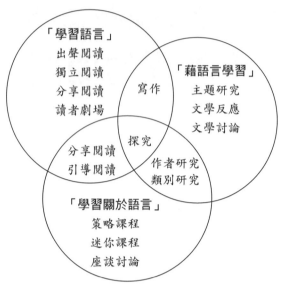

「**學習語言**」
出聲閱讀
獨立閱讀
分享閱讀
讀者劇場

寫作

「**藉語言學習**」
主題研究
文學反應
文學討論

探究

分享閱讀
引導閱讀

作者研究
類別研究

「**學習關於語言**」
策略課程
迷你課程
座談討論

♥ 圖 5-1　語文學習的三面向（Halliday, 1985）

「**學習語言**」；但此時幼兒可能只是開始喜歡閱讀，還不懂深入思考，「**藉語言學習**」則是透過主題單元與文學圈等活動，讓幼兒在其中思考、欣賞、體會、討論與了解，是透過文學去學習各領域的知識。至於「**學習關於語言**」則是幫助幼兒更深入認識語文本身，教導他們閱讀策略，也探討文學語言如何運作、了解其結構特徵與溝通方式等。三個重疊圓環的核心，交叉成以「探究」為主的課程；其他兩圓重疊之處，也形成兼具兩種學習特色的讀寫活動內涵，說明了三種學習面相之間的關係和文學可以如何被具體運用。

　　語文既是各種學習的基礎，老師日常即可讓兒童充分參與此三面相的學習範圍，透過文學進行跨課程的均衡學習活動：像是廣泛閱讀圖書、了解策略學習、探討重要議題與相關課程等。這三環的語文學習同樣重要，應同時進行，但採用的比重則要看兒童的需要和能力而定；例如愈小的幼兒，就愈需要老師多為他們出聲閱讀、多接觸文學及語言的樂趣，較大兒童則需要較多策略方面的技巧教學。

後來有學者基於近年對批判讀寫（critical literacy）的強調，對原有的Halliday 模式再加強補充一項成為 Halliday Plus Model（Harste, 2001）（見表 5-1），認為孩子不只是學習語言、學習關於語言，及藉語言學習而已，還要學習用語言批判才夠深入。此模式之考慮更見嚴謹周密，本章也將以此做為討論說明之基礎。

表 5-1　語言學習的 Halliday Plus Model

學習語言	學習關於語言
用語言及其他象徵系統做為塑義過程：出聲閱讀、分享閱讀、同伴閱讀、讀者劇場、獨立讀寫、作者筆記、大書、日誌、閱讀日誌等。	了解文本如何運作及編碼：字音關係、理解策略、迷你課程、示範、焦點課程、課程圖表等。
藉語言學習	**學習用語言批判**
以讀寫為工具來學習這個世界：用一組文本（至少四、五本不同觀點）、反省日誌、文學研究、探究或焦點研究、從素描到伸展（文學回應）、過程戲劇等。	用語言來質疑看似正常或中立的事情，重新設計和創新替代的社會世界：利用日常文本和社會議題、質疑文本和世界，並採取社會行動方案。

摘錄自 Harste, J. C. (2001). The Halliday Plus Model in K. Egawa and J. Harste, Balancing the literacy curriculum: A new vision. *School Talk*, 7(1), p. 2.

學習語言

學習語言的主要途徑就是大量閱讀文學讀物，而這可用多種方式進行。

出聲閱讀

出聲閱讀（read aloud）是為幼兒讀出書上內容，同時介紹書本知識、文字概念、書中語言及故事結構等，這些都與日常生活中的口述語言不同。對閱讀能力有限，但對渴望吸收新知和享受閱讀的幼兒而言，這是最主要的文學活動，可為幼兒打造良好的讀寫基礎。如何為幼兒出聲閱讀，在《朗讀手

冊》一書（沙永玲、麥奇美與麥倩宜譯，2002）中有詳盡的說明。

　　出聲閱讀活動所強調的是：永遠有必要為幼兒讀閱讀，不因他們已學會注音認字可以自己讀，或以大人忙碌做藉口而不為他們讀；且要在班級中定時定期實施，不因任何原因而停止，更不削減或剝奪此時間去進行其他的課程。曾有一個班級的老師每天固定為幼兒花十五分鐘時間，持續朗讀《西遊記》長達一學期，即使那只是一本改寫且並不十分精緻的簡縮版，幼兒仍非常喜悅與專注，絲毫不減聽讀的興趣。

　　為幼兒出聲閱讀是一個看似輕鬆的工作，卻可能深深影響他們的閱讀興趣和習慣。用來朗讀的圖書範圍很廣，可以是已讀過的書，也可以是能挑戰其心智或能力的新書（谷瑞勉，2005；谷瑞勉、林美華，2006），一般小說、知識或傳記類圖書都很適用於出聲閱讀，內容長短皆宜。有趣幽默的書也可以讀，詩歌更是絕佳材料，讓孩子享受詩句的抑揚頓挫。老師每天應盡量找出固定時間為孩子讀書，鼓勵孩子邊聽邊思考，也可以討論。將讀過的書陳列在教室中，會特別吸引孩子再度去閱讀欣賞；當幼兒廣泛聽過許多書，愈來愈熟習閱讀方式和圖文結構之後，就會開始想要自己獨立閱讀。

獨立閱讀

　　幼兒除了聽老師為他們閱讀，也需要有足夠的時間安靜的自己閱讀，進行如「持續安靜的閱讀」（sustained silent reading, SSR）、「放下一切來閱讀」（drop everything and read, DEAR）或「獨立閱讀」這類性質的閱讀活動（谷瑞勉譯，1999）；堅持每天進行，大約十五分鐘左右，不為任何理由而停止（圖5-2）。這種閱讀沒有寫心得報告或學習單的壓力，只為樂趣而盡情閱讀；但老師不能將之當成是做完規定功課後的獎賞或打發零碎時間的目的而已，而是要安排固定時段來進行。幼兒或許尚無獨立閱讀的能力，但只要他們常有固定接觸圖書的機會，即使看圖畫也是一種閱讀行為（Halliday, 1985），時間愈久也愈能讀得順暢。

♥ 圖 5-2　獨立閱讀

　　幼兒除了讀教室中老師準備或自己帶來的書，也會讀朋友喜歡或推薦的書，和別人一起讀也很有趣，「同伴閱讀」就是鼓勵不同年齡或能力的孩子一起閱讀的活動。老師從開學起就鼓勵孩子找一個同伴，選一本想讀的書，聽同伴閱讀或一起讀，等有信心了再讀給全班或小組幼兒聽。全校性的同儕閱讀活動則有讓高年級兒童到低年級班上來進行一對一的出聲閱讀；這對雙方都很有益處，更激發他們的閱讀興趣和參與動機。

分享閱讀和引導閱讀

　　分享閱讀（shared reading）通常是全班一起閱讀理解，引導閱讀（guided reading）則是老師帶領更精確深入的閱讀（圖 5-3）。學習需要重複，重複能增加熟練度，但只靠單一的練習很無趣，老師用一本可預測其內容結構的大書，會讓幼兒喜歡一讀再讀。「可預測性圖書」有特定的書寫形式，語言簡單而具重複性、有固定型態、圖文有關聯性，且內容概念在幼兒的理解能力

♥ 圖 5-3　分享閱讀（附彩圖）

範圍內，搭配圖案和可以預測的故事結構。文中的重複句型和情節也能提高可預測度，或使用押韻、重複的語詞、句型或事件，以累積、連鎖的結構、熟悉的次序、轉向的情節或圖畫線索，來加強故事的可預測性（Simpson, 1999）。這些特質可協助幼兒在學習認字理解的初期，以其所知去預測、了解新的學習範圍，幫他們從中完整學習到字詞、句型、文意等；往往能超過用字卡、語詞卡、句型等工具練習的成效，也符合「從閱讀中學習閱讀」的概念（吳敏而，2005；林文韵，2006）。

讀者劇場和合唱式閱讀

　　這兩種活動都是幼兒為其他同伴聽眾運用聲音或表情，以故事或詩歌做戲劇性的口頭詮釋（choral reading）；重點在內文意義的表達，除了運用一些音樂，並不需要特別的服裝和道具（圖5-4）。像《青蛙與蟾蜍》是兩個角色的對話，可讓幼兒分配角色表演（reader's theater），然後再做簡短的討論，

♥ 圖 5-4　讀者劇場

接受聽眾的意見。這讓孩子明白故事可用不同的方式表達和解讀，也會看到哪種方式更有趣。

學習關於語言

學習關於語言是學習有關語言的活動，包括像是書中的文詞音義、文法結構、閱讀策略等，是有關語文技巧層面的學習。

策略課程

雖然學習策略對幼兒而言比較不是迫切的需要，但他們在閱讀時也會表現出對不認識字詞意義的猜測、找出相似字詞及揣摩文意等運用簡單策略的行為，且會去比較、對照，並與舊經驗相結合。對較大兒童，老師可強調流利閱讀所需要用到的認知和社會策略，像是同義字、文意關聯與預測、故事結構分析、自我修正等；這些都能幫助兒童了解閱讀方法，而開始學習有效

運用於閱讀和意義的建構中（柯華葳，2009）。策略課程是在教學中有需要，或發現幼兒有問題時再列入，或從課程教學中直接產生，多是簡短、修正的，而非刻意有系統地強調。

迷你課程與座談討論

「迷你課程」（mini lesson）是在文學的閱讀和討論後，老師用大約十五分鐘左右的時間，根據孩子所提出或呈現的問題來介紹一些技巧、練習相關策略或示範有效的學習方案等，以增進孩子的學習成效（Harvey & Steineke, 2004）。其內容包括：(1) 有效率的小組討論技巧：像是輪流、積極的聽、眼睛接觸、身體向前、分配講話時間、不主宰干擾、耐心尊重別人、接受想法差異性、建設性的反對、不攻擊別人、專注焦點、用書本內容支持觀點、對團體負責等；(2) 有助於文本了解的認知策略：包括將觀點視覺化、連結推論、評估分析、回顧及自我修正等；及 (3) 聰明讀者用來檢驗或欣賞的文學視角等。另外還有團體程序問題、選書、訂定閱讀時間、設立規則等也可包含在內。較大孩子可用筆記本或日誌記載迷你課程中的腦力激盪或觀察事項、設定個人目標、追蹤發展技巧及省思討論等。至於「座談討論」則是在讀寫活動中，老師分別以一對一的方式與幼兒討論他學習過程中的問題與困難，並以這種個別輔導的方式提供個人所需要的協助。

字音技巧

在中文的「學習有關語言」方面，通常會牽涉到注音和認字教學問題。不少幼兒家長和老師認為注音生字是學習閱讀的基礎，但抽象、機械性的練習缺少意義和效果，能否真為幼兒的閱讀奠定基礎仍缺乏實證。有教師發現已經學會注音的幼兒確實比較會讀，但卻未必有閱讀的動機；一些還不認識注音的幼兒，也可能從有趣的圖畫書中學會閱讀。近年語文教育強調「紮實的基礎」（solid ground）（Taberski, 2000），「均衡讀寫」（balanced literacy approach）的趨勢也強調閱讀理解和技能熟練同樣重要；閱讀既是有意義和有目的的活動，學習者對完整字句和細節的字音就應同樣重視（Au et al., 2001;

Weaver, 1998）。但如何讓幼兒更自然、有趣、有意義地學會認字和注音？其實從文學的讀寫學習中，也能輕鬆學會實用的字、音等技巧（Powell & Hornsby, 1993），但不是任由幼兒隨意閱讀、大略理解，或過度樂觀地認為以後自然就能學會，而是要能真正做到兼顧和培養。文學是幼兒最易接近和最感興趣的學習材料，老師不妨思考如何將之運用到讀寫技能的學習上。

閱讀可以直接解碼或摸索理解，任何讀者遇到生難詞彙時都會試著運用策略去了解，而在學習字、詞的過程中能採取愈多策略愈好（Graham & Kelly, 2000）。孩子還不會用解碼策略時，可用小單位閱讀的直接教導，但要避免抽象或失焦，音、字的知識也要在對孩子有意義的情境或閱讀完整的文學中教導才會有效。

過去教導認識字、音時，多用「字母歌」或直接教學，由老師編曲帶領幼兒唱字母歌，或用市售兒歌本，每天認識幾個聲母或韻母，按部就班練習：讀（讀本、教材）、認（圈字起來加以認、讀）、寫（教室練習、回家作業）。但這種學習方法單調孤立、效果有限，如能以「活動為中心」、情境的、遊戲原則的教學方法會較受幼兒喜歡（Vukelich et al., 2002）。老師平時為幼兒閱讀文學時即運用正確發音、進行聽的遊戲，像是：聽音、押韻活動、節奏和韻律、說出漏掉的音、為押韻的音打拍子、玩注音遊戲、讀字母書和押韻故事……等，來讓幼兒逐漸認識、熟悉這些音的特質。另外，在教室牆壁規劃「注音牆」或「文字牆」（圖5-5），從文學中摘取詞句寫成注音卡，或依聲母、韻母順序張貼，每日看讀、潛移默化也能輕鬆學會。曾有幼兒教師以此方法，從未刻意花大量時間，也能輕鬆教會幼兒注音及生字。

♥ 圖 5-5　注音牆

　　幼兒還可用仿寫、製作注音書或字書來學習基本技巧。「關鍵詞」（key words）活動（Ashton-Warner, 1963）讓孩子從書中自選有趣想學的字，再到處去收集相關詞句（如報紙），因為有意義，所以學得很快。另外，像選擇文學內容製作字卡、詞卡，或從文學中收集文字成「字庫」，既可連結相關字的學習，也能顯示孩子認字能力的成長和紀錄。老師也可用「情境教學」（contextual instruction）（Morrow & Tracey, 1997）提醒幼兒注意字、音的特性及關聯。這些活動都可自然融入文學學習中，把握「可教的機會」，就能有效幫助幼兒學會技術層面的知識，奠定讀寫的基礎。

藉語言學習

　　進行一系列以文學跨課程的學習活動，就是「藉語言學習」的活動基礎。當展開一個主題的探究時，先收集相關的文學書群，給幼兒充分的時間流覽

體會，讓他們逐漸熟悉主題的內容，繼而引發不同課程領域的探討和更多繼續研究的議題。相關活動如下：

主題研究

主題研究是以文學支持研究（literature supports research），先了解孩子的需要和興趣，再決定如何以文學支援他們的探究。老師會為主題收集圖書和規劃支援的活動，讓教室充滿書籍和材料，協助孩子有系統而深入的去探討或調查一個主題。例如，當進行「家庭」的主題時，老師會搜索相關的圖畫書群，每天閱讀幾本、討論逐漸浮現的議題，並設計與此有關的活動；像是用《媽媽的紅沙發》為核心圖書開始閱讀，分享相關的家庭和母親的故事，接著在團體或角落中進行活動或方案。過程中，幼兒有時先在小組討論，再回團體做說明；或訪談父母親人，再回校與班上朋友分享；或將家中發生的事情寫下紀錄。

孩子進入文學的世界其實是為了解生命和建構意義，而非只為回答一系列讓老師滿意的問題而已。活動可從全班共讀著手，大家一起探究一個議題的意義，體會故事角色、觀點行動……，再進入獨立閱讀、透過角色扮演、戲劇演出、藝術創作、科學實驗、日誌對話等活動呈現他們的學習心得。所進行的各種活動有些是由老師所設計，幼兒也有選擇和創作的機會，發展開來會與課程領域相連，而形成有意義的內涵（Vukelich et al., 2002）。其中活動像是：

- 戲劇：演出一個文學故事，幼兒可參與設計，例如劇情增減、演出順序、角色分配、音響配樂、道具製作……等。
- 繪畫：以文學做為藝術活動的媒介，讀後不只是要孩子例行地畫出書中最喜歡的部分而已，而是讓他們參考探索、試驗自己的藝術創作。
- 烹飪：在與食物相關的延伸活動中學到數學、社會、健康和安全等課程。

文學討論

　　「文學討論」是閱讀過後或閱讀期間對文學內容的意見表達和分享,藉由不同的方式進行,像文學圈、圖書俱樂部、文學討論團體等;名稱或許不同,但活動的核心都是「對話」,鼓勵兒童成為批判的思考者。做法可先在團體討論中腦力激盪,再到小組中檢驗這些想法,最後再與全班分享(圖5-6)。較大兒童從六、七人的小組團體中,能獲得更多想法和討論的機會;人數少的三、四人小組中較能維持討論,因為在大團體中等待太久才輪到說話,將很難維持其注意力。初期如果不習慣討論,可能會停留在表面的分享,而無法進入對話的層次;因此從未經驗過的幼兒可從兩人一組的小組討論做起,老師在旁協助配對,讓他們從彼此閒聊圖書開始,逐漸開始真正的討論。

　　對熟悉的故事才有可能深入談論,因此幼兒需聽、讀過幾遍故事才會有所感受,不是快速唸一遍書,隨意問幾個問題就草草結束活動。孩子經過出聲閱讀、獨立閱讀和戲劇演出的一連串經驗後,再回來討論一本書就會更成功。孩子們先一起聊書,分享喜歡、困惑的地方,並與自己的生活或其他故

♥ 圖 5-6　文學討論(附彩圖)

事做連結。討論初期通常只是廣泛自由的探討，不易產生更深刻的體會。讀後的反應廣泛包括了感情的表達、意義的解讀、對文學因素的了解，和對故事品質及角色行為的批判等方面。

作者研究

接觸文學讓兒童得以認識作家或插畫家，學習他們的寫、畫風格，並找尋其中的關聯（圖 5-7）。一開始可以從仔細欣賞一位作者的寫作或插圖藝術做起；老師先簡單介紹其生活與創作，讓幼兒了解故事的主題、角色、模式及結構等，再和其他作品比較對照，從中對作者的語言和寫作風格進行理解和學習。老師可以：(1) 選一個孩子喜歡的作者，收集其創作書籍、訊息及藝術之介紹；(2) 閱讀和分享作者的風格，進行討論，用圖表記錄和比較；(3) 根據圖書主題和幼兒反應選擇研究焦點，再進行回顧、討論和分享；(4) 讓兒童參考插畫技巧、文本模式去創造自己的作品，以表達其體會與創意。另外，

♥ 圖 5-7 「作者研究」活動所運用的圖書

還可進入戲劇、美術、音樂等的延伸回應活動，以深入研究不同作者和文學的多樣風貌。

老師可以省思自己的教學，在上面三面相中做了哪些活動促進兒童的學習？以及自己對語文教學的信念是什麼？反應在教學上的有哪些？本章討論過一些主要的概念和做法後，其餘如探究、寫作、批判讀寫等將於後續各章陸續再深入討論。

文學課程活動案例

「作者研究」：湯米狄波拉（Lionetti, 1992）

在這個三年級班級的活動之初，老師先為孩子收集作家兼插畫家湯米狄波拉（Tomie dePaola）的書；除了向圖書館借出所有他的十六本書，也接受圖書館員的建議再增訂新書。每天在「讀寫工作坊」（reader/writer workshop）時間分享一本他的書，並加以詳細討論。開始的第一週，老師先讀《美術課》給孩子聽，引起閱讀動機，又設計工作卡讓孩子進行小組活動，例如選書、畫圖表、做角色分析和對照、寫作回應日誌分享等；因為很多書都是他的自傳，孩子逐漸熟悉了作者的生平與文風。

班上的圖書日漸增多，孩子又到各地的社區圖書館借了更多狄波拉的書來，熱情延續到家中，父母兄姊也願意參與，而有不少家長買他的書。班上開始記錄一份閱讀書單，孩子渴望看到這個單子上閱讀數目的增加，因此努力閱讀。在過程中，老師看到孩子找到閱讀的搭檔，還會用錄音機錄故事給低年級小朋友聽，在回應日誌中也反應出所學習到的寫作技巧和讀寫觀念。孩子輪流坐上「作者椅」讀喜歡的書給全班聽，同儕聽眾也能耐心接納他們閱讀時偶爾犯的小錯誤。

老師讓學生參考工作卡，依自己的速度做事，但也不忽略團體

活動，在分享閱讀之後，開始參考書中內容，進行延伸的團體活動，例如烤麵包、烤玉米、種樹、畫地圖等；老師也教導句子、序列、做筆記。這些活動是跨學科領域的，孩子為不同的目的閱讀和學習，也看到文學的多元價值。

在讀了二十六本湯米的書並充分了解之後，又展開傳記的學習，由孩子當作者為他寫傳記。孩子從書中了解許多他的背景，首先列出所知的他，甚至能做出身體的描述，如他頭髮的顏色等。老師製作了一卷他的訪談錄音；孩子喜歡一再聽這段錄音，在討論的圖表上記錄許多訊息，然後開始寫傳記的草稿。孩子進行了傳記圖（biography map）的活動，將作者生平畫成三個欄位，割成三張海報，分組去寫作這三個生平階段；小組必須決定每人該做什麼、採用什麼資訊、寫在哪裡等，從中都得到一個完整的合作學習的經歷。

孩子每天聚會討論進度、設定目標，再回到小組去討論、寫作和修正作品，四十分鐘後又回來分享進度和問題；他們不斷讀寫、修改，直到每個人都滿意為止。最後又決定要寫一本書，記錄他們對湯米的了解，插圖甚至還模仿湯米的插畫風格，畫上圓圈和心形圖；寫完還為書取名及獻辭，再完成作者頁。這段書寫的過程對孩子很有意義，老師於是影印了此書，讓每人帶回一本做紀念。有人建議送一本給湯米，真的寄去後還得到回音，甚至安排了一段和湯米的電話對談。該學期一共讀了八十八本湯米的書，這個過程改變了孩子閱讀和寫作的經驗，他們能更清楚熱烈地去看待讀寫，相信要成為好讀者就要多讀；而真正的好文學、好作者是可以幫助孩子達到這個目的的。

CHAPTER 6

聽、說、讀的活動

　　文學的學習是一種社會活動，藉著師生彼此的分享和回饋，使得幼兒的聽、說、讀、寫都能自然產生（Goodman, 1967; Holdaway, 1984），而這四種學習活動也相輔相成很難分開。當老師不斷地為幼兒「說、讀」故事，幼兒常「聽」，就能逐漸熟悉語文和故事結構；而幼兒多元的口頭參與，無論是討論、重述、共讀或演出，也都強化了「聽、說、讀」的能力；至於「寫」雖較複雜，也會從三種能力中自然延續產生，而透過文學來進行是很適當的活動。

聽的活動

　　聽是訊息的解讀，聽者藉著調適、同化和統整訊息來建立意義。幼兒每天在聽──為各種目的而聽，可以是欣賞、理解或批判；看起來像是被動的聽故事，其實卻是積極主動在建構，因此會邊聽邊分享。

　　發問可激發孩子聽的動機，他們必須注意聽別人說什麼，自己也要把話說清楚。老師要允許聽者發問，要在聽別人說話或說故事時靜聽且有所回應，彼此多討論。有些非正式的分享，可做為聽的練習，像是兩人一組輪流聽和說故事，一人說完請另一人重述，對方認為正確再繼續。但分享的團體如果

太大,孩子聽不到或不敢說,將會減少參與,因此團體應小到足以減低孩子
害羞、每人都聽得到、能鼓勵互動、不會分心、又有充分機會說話的程度
(Moffett & Wagner, 1983),大約是三到六人的團體(圖 6-1)。一些可以促
進孩子專注於聽的活動有:

♥ 圖 6-1　小團體討論較適合幼兒

- 口頭填充(oral cloze):唸故事時停在最後一句,讓孩子猜測是什麼,
  通常只要專心聽故事,有所理解就能答出。
- 預期未來的行動和事件:讀到故事的某一處,讓孩子猜測或預測下面
  的發展,但不要求標準答案,有很多行動細節的故事最適合。
- 排列故事序列:將故事圖卡發給孩子,在讀故事的中途停下來,讓他
  們想接下來是什麼,將圖卡排列說出。
- 加入文學的模式:有固定結構模式或重複句子的故事,讓孩子聽過後
  設法預測和加入,或進行模仿創作。
- 即興的文學對話:聽完故事加以重述、延伸對話,或用在扮演故事中。

- 主題摘要：聽一段故事後，鼓勵孩子思考內容的重點並說出摘要。
- 腦力激盪提出問題：「如果怎樣會如何？」的問題讓孩子聽故事後能加以統整、思考和解決問題。

說的活動

老師為幼兒說故事

　　幼兒的口語活動種類多，包括說故事、戲劇或偶劇演出及開放性討論等；其中「說」故事是透過語言來創造，或從記憶中重組文句或事件，由聽者和說故事者共同建構超越文字的意義。故事有開始、中間和結束，其中包括情節和角色，能提供娛樂、發展同理心和道德感；這些有關故事的知識是讀寫的主要因素，多來自民族文化豐富的口述傳統，也常存在於兒歌、民謠、謎語和傳說中（Graham & Kelly, 2000）。說故事的來源很廣泛，可以是任何事情或經驗（像是重述故事書、童年經驗、社會事件、學校事件、古今故事、日常生活……），皆可隨手擷取編織。老師用心說故事給人溫暖的感覺，孩子凝神對望，體驗可貴的親密感，讓想像穿越時空，也盡情享受這種根植於文化的美好活動。

　　先了解和準備好所要說的故事內容，將思想感受、角色想法帶入其中，再用聲音和情緒適當的表達。老師說故事時不要多解釋、說教或任意中斷；接受孩子們的意見和想法並適當回應，讓孩子發問而不「考核」他。說故事時間不要過久（約二十分鐘），經常保持和孩子的眼睛接觸，聲音也隨劇情而變化；有時加強手勢，以促進語言知覺（圖 6-2）。參與融入可增強對故事的意識，因此鼓勵幼兒以不同方式接近，例如在文句重複時請他們加入跟著唸、製造聲效或分配角色朗讀等都有不錯的效果。多問開放性的問題會鼓勵思考，熟悉故事情節也會讓人更喜愛這個故事；因此給孩子重溫故事（revisit it）的機會，可藉以擴充熟悉感和閱讀理解力（Morrow, 2002）。

♥ 圖 6-2　教師為幼兒讀故事

幼兒自己說故事

　　說、讀文詞優雅豐富的故事內容能引導孩子逐漸體會一般口語（oral）和文學的（literate）語言這兩種形式的差別，而當孩子從一般口語轉向較正式的文學語言形式的應用時，多聽多說絕對是必要的。因此除了為孩子說、讀故事，也要鼓勵孩子說故事，或用自己的語言表達對所聽故事的想法和感覺（陳宏淑譯，2006；Lehr, 1991）。述說是初步的心智行動，為了要「說」出來，孩子必須更確實了解、記得和組織所要說的事，無形中也會增強理解力、記憶力和組織能力（Froese, 1994）；老師可讓孩子藉著說故事，培養流利說話的信心。

　　文學固然是故事的主要來源，但像過去家庭中的口述傳統（oral tradition）也很有趣味，每個孩子都喜歡聽家裡的大人說故事；而日常生活中的個人故

事或家庭故事更是無所不在。幼兒彼此分享故事能創造一個團體意識，老師可鼓勵他們將生活帶進教室，說出故事來（Calkins & Harwayne, 1991）。美國的裴利老師即曾在班上不斷鼓勵幼兒說自己的故事（Paley, 1990），營造一個可貴的學習團體。但孩子需要先知道他們「有故事可說，也值得說」，才會開始去說自己的故事。老師可以用一個本子記錄班上發生的事情，或孩子說過的故事，讓他們知道故事可能發生在任何地方，只要用心尋找就會發現。老師還應積極示範和鼓勵說故事、分享從何處找故事，以及聽和說故事的快樂與喜悅經驗等。

孩子所說的故事多與生活經驗有關（對幼兒而言，簡單敘述他的掉牙齒經驗也是在說故事），說時加入表情、手勢、聲調，會與聽眾有更直接的接觸（圖 6-3）；或改變字句、加一點解釋，能更接近彼此的經驗（Clay, 1979a）。小團體的互動分享較易使孩子輕鬆而清楚的說出個人的故事，也可進而擴充說的範圍，例如想像故事、重述故事、說無字圖畫書，或連結說故事和遊戲與寫作等（圖 6-4）。裴利老師曾發明的一個活動是請幼兒到「故事桌」來口述故事，讓老師記錄並澄清不明確的部分後，再讀給全班聽。老師對於班上那些較害羞和被動的孩子除了鼓勵外，也可用道具協助，例如讓他們用「偶」來說出和表達想法，或錄下他們讀書、說故事或討論的過程。

重述故事

老師先準備一個受歡迎的，或有直接對白、幽默和連續行動的故事，示範如何重述故事，讓孩子熟悉後再練習。讓幼兒回想故事情節，用自己的話來「重述」，放心自在地說出來；老師只要尊重其想法，從旁提醒或引導即可。重述故事有助於「再發現」故事，能強化對故事的內化和理解事件與細節，使幼兒漸能邏輯完整地重述，更進而創新或重組故事；那是對故事整體的理解，而非只是對細節或字詞的記憶而已。

♥圖 6-3　幼兒述說自己所畫的故事

♥圖 6-4　幼兒為班上同儕說讀故事（附彩圖）

當孩子重述故事時，老師可觀察到他的故事結構知識、語言使用、文字型態知覺和解讀圖畫的能力。有些幼兒只能描述書中每頁圖畫的內容，有的則能從故事記憶或圖畫線索中建構更精妙的意義（Raines & Isbell, 1994）；有些幼兒會吸取視覺線索來追憶故事，有些會記得細節、摘要大綱、建構意義……；總之，幼兒能用自己的語言說出故事情節和角色發展、會使用故事語言如「很久很久以前」，並呈現不同的故事意識和語言發展。

語言遊戲

讀那些有重複押韻、諧音、繞口令等型態的文學，能體會語言的趣味，老師可多引導幼兒賞讀幽默好玩的韻文、口頭和書寫的語言遊戲如《小胖小》等。好的兒歌可讓孩子實驗聲音和動作（Snow, 1999），他們會喜歡唱有重複和疊句的歌，將重複的字句當成回音，再加上聲效或動物叫聲，例如「如果你很高興你就學貓叫，喵喵……；王老先生有塊地，咿阿咿阿嗷……」。詩歌、手指謠是很好的語言遊戲材料，以歌謠配合動作很容易贏得幼兒的喜愛；他們在玩手指謠時更是全心全意地融入語文趣味中，享受輕鬆無負擔的學習（Collins, 1998）。老師可以把收集來或自創的歌謠、手指謠寫在海報上，供幼兒隨時重複唸唱。

讀的活動

多樣與平衡是文學課程的主要因素（Cullinan, 1992），老師應以多元的材料與活動方式，讓每個孩子都能接近不同的學習，且平衡的習得各種讀寫技能。在「讀」的活動上有許多類型和方式可採納，以下將一一說明。

老師為幼兒閱讀

　　為幼兒一再閱讀、陪他們再三玩味一本書，能幫助他們的建構和體驗、增加回應的深度；在預測、字彙探究、活動和藝術欣賞方面的能力也將不斷增進（Jacque, 1993）。因此故事不只讀一次，還要重複閱讀，讓幼兒內化並重組其訊息。

　　第五章曾簡略提及均衡的閱讀課程包括出聲閱讀、獨立閱讀、文學討論團體、引導閱讀和分享閱讀等方式（Fisher & Medvic, 2000）。其實從幼稚園到小學六年級（K-6）針對兒童年齡能力的差異所運用的閱讀方式策略定會有所不同，如圖 6-5 所示，在此可再深入探究各階段適用的活動方式之內容：

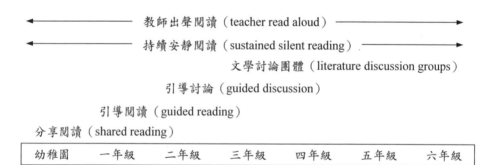

♥ **圖 6-5**　適合不同年級兒童之閱讀活動（Au et al., 2001: 79）

出聲閱讀

　　出聲閱讀是引導閱讀的前奏，適用於所有年級的兒童，對幼兒尤其重要與適合。老師會在閱讀時示範連結文本與生活、提供流暢閱讀的模式讓幼兒擴充字彙（Raphael, Pardo, & Highfield, 2002）。幼兒只有多閱讀，獲得豐富的觀點，才能了解文本的結構；這些說、讀的結果都會進入幼兒的語言寶庫隨時等著被運用（沙永玲等譯，2002）。他們從聽中熟悉故事，在了解故事

型態後，會用故事結構來解讀文本，認出其中的旋律節奏而加入閱讀，或將類似的故事情節做比較。閱讀不只是眼睛在看，耳朵和大腦也要參與，聽老師讀出書中的聲韻、節奏和速度，這是自己閱讀時所無法體驗到的。

教師可讓幼兒在黑板上寫出，或在教室的「朗讀信箱」放入想聽或讀的書名供老師閱讀的參考，出聲閱讀的要點包括了（Galda, Rayburn, & Stanzi, 2000）：事先熟悉該書，先對故事做簡單的介紹，開始時緩慢的讀，等孩子融入後再加快速度；讀時目光掃視孩子，用聲音和肢體加強文本意義，並停下來為有趣的想法、字詞、描述做說明，也讓孩子發表意見。對不同年齡的兒童出聲閱讀時有不同的加強重點：例如對嬰幼兒，主要是讓他們聽故事的旋律節奏，不一定要盯著故事書看；他們有時會隨著聽故事發出聲音做動作，或分心爬來爬去，但不久都會回到故事中來。對三、四歲的幼兒每天讀故事、玩手指謠、做相關活動都有必要。對於五歲幼兒，則幫他們組織相關主題的故事資源，並將活動與主題概念連結。至於小學中、高年級的兒童則可自己加入朗讀和輪讀，去體會文句與結構之美。

老師在每天的作息中可以進行數次的出聲閱讀（Cox, 1997）：第一次先讀一本熟悉的，再讀一本剛介紹過的，最後讀一本全新的書；每天如此，一週三次。老師可重新規劃圖書區，或在圖書角，只要有空就打開一盞燈，孩子可靠過來聽故事（Raines & Isbell, 1994），也可請家長義工協助。為孩子選書時，可做整學期的平衡考慮，或配合課程單元。閱讀前老師必須先預讀一遍，才知要讀多少、停在哪裡，讓孩子有所期望或發問。遇到特殊的字辭無須刻意用簡單的字意取代，而是讓孩子在文章脈絡中自然理解其意義，例如對「躡手躡腳」一詞，幼兒即能從文本前後脈絡中了解其意，且會在後來像是參觀美術館需要保持安靜的情況下，主動適當的運用出來。

出聲閱讀與「說故事」不同，後者可以由老師自創內容，但前者如任由老師增減，則其匆忙自行「剪裁」之結果，如何能與原著細細斟酌、完美呈現的寫作相比？因此唯有「原汁原味」的閱讀，才能帶領幼兒品味作者寫作的用心和文字意境運用，以及了解不是以只求快速知道結局、囫圇吞棗為目

的的閱讀精神。較長篇幅的書可以分幾次讀完，即使不得已對內容有所刪減，也應讓孩子知道為何這樣做，且要找機會再讀原文。如果閱讀一本書必須刪減太多，以致失去原味精神，就表示這書可能不適合幼兒。另外，像朗誦童謠兒歌、遊戲詠唱、將詩歌即興加入音樂律動和舞蹈，或將故事轉化為戲劇演出……等，都可算是不同的閱讀故事型態。強烈的節奏感和有趣多樣的體驗方式能特別激發幼兒的興趣、鼓勵他們的加入，老師可以多收集運用，以活化閱讀、變化學習方式和強化閱讀動機。

老師進行出聲閱讀時還有下列的提醒：

• 選各種題材或師生喜歡的故事並先熟讀。

• 引介教室中所陳列的書，老師介紹過的書，幼兒更有興趣讀。

• 除了固定安排的閱讀時間之外，也要有隨興或應幼兒要求的閱讀。

• 讀的方式可以是對團體、小組，也可以是對幼兒個人。

• 讀故事時的拿書、翻書等技巧都應仔細考慮，妥善運用。

• 閱讀故事時注意措辭、情節、觀點、氣氛或情境的導入與安排。

老師還可用下列問題自我檢核，做好出聲閱讀（Kristo, 1993: 58）：

• 我是否預先讀了文本？是否充分了解可與幼兒分享？

• 我是否閱讀作者、繪者和寫作的相關訊息，以增加幼兒的了解和喜歡？

• 我如何介紹這個故事？

• 我如何為閱讀故事建立適當的情緒？

• 我如何幫幼兒將文本、作者、繪者和以前讀過的連繫起來？

• 我是否考慮到延伸欣賞此書的方法？

分享閱讀

幼兒最早是從家庭閱讀的傳統中開始接觸書本，入學後再轉移到教室來持續進行；分享閱讀就是一個連結的活動，很適合幼兒和低年級兒童。但老師在教室前面為孩子翻書閱讀時，和家中父母摟著孩子為他近距離的唸讀或指著書讀不同，通常會因遙遠而看不清楚。因此 Holdaway（1979）建議用大

書或放大字體，讓每個孩子都能像在家中閱讀那樣接近和看清楚書本，以增加他們的參與，這也成為主要的讀寫教學工具。

分享閱讀是在老師引導下，全班一起讀一本大書，每個孩子都能看到重點和老師指出的字，感到易讀而有積極加入的信心，也有合作學習的機會。每天固定閱讀三十分鐘，先讀幼兒已讀過的書，再讀新選的故事或詩歌等。分享閱讀之後，幼兒需要時間自由閱讀，才能獲得更深入的了解與體會，因此回到角落獨立閱讀，此時最好能每人各擁一本書來讀。老師可購足一個小組同時閱讀的圖書量，如五到八本，以免幼兒花太多時間等待輪流看同一本書。為孩子讀大書時，老師可用一個指揮棒來指字讓孩子跟著唸，也可示範預測、對照、檢查、連結等活動。在讀的過程中可自然的介紹或練習一些語文知識，像是常見字、新字詞、句法、標點符號、讀的方向，或書的觀念等（Raines & Isbell, 1994）；老師隨機指出這些因素，但不要求孩子立刻學會。當有重複句子或暗示的圖畫出現，幼兒會逐漸加入朗讀：「棕色的熊，棕色的熊，你看到了什麼？我看到了……」，漸感熟悉而內化故事的語言，再輔以錄音帶或與同伴一起讀，由閱讀中學會閱讀。

閱讀前可先建立背景知識、鼓勵幼兒對主題進行討論、強調故事意義的了解而不只是學會唸熟字音而已。老師可用手指出文句的方向、詞句、標點、圖畫與文本的關係等，讓孩子習得語音、語意、語法的運用；自然而有趣的學習，即使沒經驗也不會有壓力（Fisher & Medvic, 2000）。選擇好的大書能建立成功的分享閱讀經驗，條件是（Cox, 1997）：

- 有可預測性和吸引人的故事線。
- 可預測的結構，包含押韻和韻文的元素。
- 有能增強和支持文本的插畫。

可預測書大約有四種類型（Tompkins & Hoskisson, 1991），老師可善加運用：

- 重複的句子、段落與內容，如《棕色的熊，棕色的熊，你在看什麼？》。

- 累積的結構，重複且延伸的句子，如《打瞌睡的房子》。
- 連續事件或故事片段的發展，如《好餓的毛毛蟲》。
- 押韻的語言，如《討厭黑夜的席奶奶》等。

引導閱讀

　　是將分享閱讀中的個別指導改為分組，可發揮較大教學效果，較適合小學低年級的兒童學習。開始前老師仍需讀熟內容，預先計畫好將停下引導的地方、要特別強調的字詞和預期孩子可能遇到的困難等。團體閱讀比個別閱讀更能促進討論；一組孩子用同一本書，進行約二十分鐘，可逐漸發展出預測情節、討論角色、分享觀點等的能力。較大孩子經過老師的示範，會記錄閱讀日誌再拿到團體中討論；孩子則先一起分享興趣和找到可能的問題，等分散去閱讀後，老師再關注個別的需要和協助解決困難。團體情境中孩子會互相指導，老師提供學習策略給予不同程度和需要的協助，有進步的孩子可以去讀比較難的書，這通常是一個人閱讀所無法做到的。

　　老師為兒童閱讀文學過程中的各種引導討論和延伸固然重要，但卻未必每次都要刻意和課程活動連結，或過度強調教學應用；不忽略文學本身，只為欣賞和趣味而讀，也是極美好的經驗，應讓孩子在享受老師的閱讀中體會。如果孩子不喜歡某本書，也尊重他的選擇、了解其中原因，並鼓勵培養其批判知覺。

幼兒獨立閱讀與同儕共讀

　　對初學的幼兒而言，自選讀物能提供他們良好的機會練習正在發展的技巧，因此老師應找出時間多鼓勵幼兒獨立閱讀，做法可以是：

- 每天提供固定時間讓幼兒自選圖書閱讀，至少二十分鐘。
- 提供不同類別和難易程度的書籍，讓幼兒有充分的時間玩味嘗試。
- 可以自己閱讀或與朋友共讀；前者可以實驗策略，後者則在幫助彼此。

- 支持幼兒將老師在一對一或小組引導時所學的策略，運用在獨立閱讀上。

可在班上推動的獨立閱讀活動有下列幾種：

持續安靜的閱讀

持續安靜的閱讀是指在每天的固定時間中，整個班級都放下一切雜務，拿起書來專心閱讀二十分鐘左右，或稱「放下一切來閱讀」（谷瑞勉譯，1999），不為任何事情而中斷，適用於各年齡層的兒童。當全班停下來為一個單純的目的閱讀，所傳達的訊息是：閱讀是重要的事，而非只是大人要求的「功課」或填塞空檔的活動而已。真正的讀者會安靜的閱讀，但有些孩子不容易從唸讀轉換到安靜閱讀，因此需要練習，當孩子唸出聲音時，老師可鼓勵他「在腦中閱讀」（Graham & Kelly, 2000）。進行安靜閱讀也要設定慣例、表明對孩子行為的期望，並維持其目標。自由閱讀時，無論是停下反思、跳過文字或回頭檢查，都可讓孩子依自己的速度進行，推行一段時間之後，幼兒將會養成閱讀的習慣和產生真實的樂趣。

經過培養，幼兒會養成習慣，在每天固定的時間找一本喜歡的書，在圖書角或一個安靜的地方坐下來，開始靜靜地享受閱讀。他們會試著去認新字詞、運用猜測、看圖理解，或與會讀的人互相討論；也會重複閱讀有趣的文本，慢慢發展出閱讀的流暢度和信心，也為不同的目的像是欣賞、熟練、探究、確認預測或發展對話等而不斷重讀。另外，像廣泛的獨立閱讀（wide independent reading）是為興趣而大量閱讀，或閱讀同主題、同作者的相關書籍。盡量鼓勵孩子在角落時間自由閱讀、把握零星或轉換活動的等待期間閱讀、或規劃固定時間讀……等，且不需要後續的檢查或測驗，只是純粹享受閱讀。

閱讀夥伴

閱讀夥伴是讓同伴一起讀，或高年級與低年級班級的孩子組成一對一的閱讀夥伴，也稱「同儕閱讀」（buddy reading）、「成對閱讀」（paired read-

ing）等。一大一小的配對很能引起動機，因為年長讀者要幫助較沒經驗的年幼學習者閱讀，必須為他選適當的書、引起興趣與解決問題，這些都是極大的挑戰。配對時可將閱讀經驗、個性、興趣等因素列入考慮，也可以將高、低年級的班級配對並規律的進行。幼兒可以全班一起讀、兩人共讀、小組三、四人共讀，或有經驗的和沒經驗的一起讀……等（圖 6-6-1～圖 6-6-2），從各種變化的方式中體會共讀的樂趣。

♥圖 6-6-1　成對閱讀

♥ 圖 6-6-2　閱讀夥伴（附彩圖）

　　同儕閱讀能幫助幼兒在「最近發展區」中發展（谷瑞勉譯，1999），能
增進較大孩子的後設認知和在過程中增能（empowering）。但較大兒童如何
勝任為幼兒閱讀的工作，也需要老師的示範和適度練習；如果本身仍無法流
利閱讀或信心動機較弱，那麼為較小幼兒讀較簡單的圖書也能漸增他們的信
心。曾有一個國小的四年級班級為實踐社會課中「幫助別人」的主題，主動
到幼稚園班上為幼兒閱讀故事一個月，這些小學生為了完成這份工作，大量
閱讀並努力去找尋適當的圖書、預演閱讀技巧，甚至會準備說故事的道具；
低年級幼兒也因為大哥哥、大姊姊到班閱讀的經驗而特別感到興奮、更喜歡
閱讀，也表現出更好的紀律（圖6-7）。

♥ 圖 6-7　小學生為幼兒進行一對一的同儕閱讀

一對一閱讀

　　幼兒也可以一對一的互相讀或讀給老師聽，讓老師了解其能力，進而提供符合個別需要的教導，對幼兒可看情況實施。老師和孩子輕鬆的聊書，或請已會讀的每天讀一段故事給老師聽，老師記下其所讀和需要加強的地方；也可觀察孩子讀時是否顯示認字知識、能否看圖指字、發現押韻和預測等。較無經驗的孩子可和老師一起唸，老師指文字，幼兒翻書頁、討論內容或看法。進行一對一的閱讀很費時，老師可選擇對其最有助益和有需要的孩子來進行。

作者椅

　　幼兒也可以試著為彼此或全班閱讀、分享和討論問題；可以訂定時間，選擇適當圖書，充分準備後坐上一張特別的「作者椅」為班上同儕閱讀。剛開始他們可能會低估這個工作或感到緊張，但會逐漸體會為全班讀書的責任和趣味而認真面對。閱讀前，幼兒需要先讀過，或和家長老師先練習，決定要表達或和同學討論什麼，從中所習得的會比單是學會字詞或語文技巧更重要（圖 6-8）。

♥ 圖 6-8 「作者椅」活動

　　上述各種閱讀活動對孩子都很重要，但如何在已經很緊湊的課程活動中再排入這些是需要安排的，如果老師相信這些閱讀活動的意義和重要性，將會設法找出時間，排除其他非必要的課程活動或時間浪費，而來進行有意義的閱讀。老師在熱心積極為孩子選好書之餘，也可鼓勵孩子自己找書；幼兒經歷對文學聽、討論和反應的共同經驗，在班上逐漸形成一個共享的文化，也會發展出閱讀及選書的能力。老師除了關照孩子的學習狀況、記錄他們主動選書的情形，還要鷹架他們的學習問題，並訂定規矩維護活動的順暢。如果孩子到處走動、徬徨不知要讀什麼，就可提供他們選書的建議；如果分心或違規，可帶領他們回歸閱讀的正軌，也就是協助和引導他們養成好的閱讀習慣。

聽、說、讀活動案例

　　這是一個幼稚園班級幼兒在閱讀討論《母雞蘿絲去散步》的過程中所進行的各種聽、說、讀的活動（谷瑞勉譯，2004）：

　　讀過本書之後的討論，一開始孩子只保持安靜或做有限的評論，例如「我喜歡這個故事」或「這很無聊」等，他們需要時間、耐心和鼓勵，以及老師和同儕的協助，才會激發出豐富的討論。

　　老師接著和幼兒分享最喜歡的畫頁，討論狐狸不同的窘境最後可能會怎樣，再回到書上去檢查結果。孩子猜測和辯論狐狸可能住在什麼地方及蜜蜂是否能跟蹤牠？同時也聯想和討論到其他故事中的狐狸。他們討論插畫中的蘿絲，為何每頁大小不一樣？他們還檢驗插畫，討論母雞蘿絲是否知道狐狸在跟蹤？說出牠不知道的原因，和母雞是否能聽到的問題；雖然沒有一致的結論，但依據個人經驗和書中插畫，考慮了不少可能，也產生不同的延伸興趣。

　　老師在第二次閱讀後，停下來問孩子想什麼？記下他們的口頭反應，再選幾個議題繼續討論；這讓幼兒了解到故事不只讀一次而已，也明白表達意見的重要。接著繼續腦力激盪，邊讀邊在海報紙上寫或畫下他們的想法；這類隨機捕捉的意圖和想像，可供以後再回來參考。老師還做「留下最後一句」的活動，讓孩子在紙上寫下書中的一句話，帶到團體中來分享；或請孩子讀完書後激盪想出一張相關議題的表來，各選一個議題分組去討論，再向全班報告。整個故事討論的方向是由幼兒決定，而不是「教學指導手冊」，討論後的活動還包括：重讀故事、寫文學日誌和進行選擇主題的研究等。

文學討論

在閱讀過程中孩子會融入聽、說、讀、寫的整體能力，也會參與討論，他們對文學有獨特的反應，而討論正是探討這種反應的機會。讀完書回應卻沒有停止，孩子的主動討論不是由老師提問來「檢驗」結果，而是自由地表達。讀者在討論文學時會連結其他文學、相關個人經驗和文本本身，討論創造了一個「解讀的社群」（interpretive community）（Fish, 1980），讓一群讀者分享各自的解讀，也商討出一個共構的故事觀點，一起促進了解。好的討論不只是回應和分享而已，還要能辯護、商議、覺知和接受多元的解讀；那是老師小心計畫和與幼兒良好互動的結果，不只是老師用計畫好的問題讓幼兒討論的「溫和的探究」（gentle inquisitions），還是注重理解、自然產生對談的「重要的談話」（grand conversations）（Eeds & Wells, 1989）。

幼兒的討論能力

討論能幫幼兒了解自己的想法，兼顧對文學了解和情感的反應，及培養批判思考；這需要被教導和協助引發。老師本身須具備對文學的知能並能開放的提問、要求多元的思考而非標準答案，才能導引讀者廣泛地回應（Rosenblatt, 1993b）。

討論與回應的種類

讀者在文本中「形塑」（shaping）和建構意義，有兩種立場可滿足讀者不同的閱讀目的（Rosenblatt, 1978）：一個是「傳輸」的立場（efferent stance），讀者會注意閱讀所獲得的知識訊息；另一個是「審美」的立場（aesthetic stance），會去注意內在的經驗、產生個人想法和連結，並建構豐富的意義，也就是「經歷過的經驗」（live-through experience）。不同類別的書會讓人產生不同的閱讀立場，像故事和詩較易引起審美的感受；讀者會自然的在這兩者之間移動，有時偏傳輸、有時較審美。Rosenblatt 曾區分「**經歷過的經驗**」（live through experience）和「**回應**」這兩種閱讀過程的不同。「經歷過的經驗」指的是將注意力的焦點向內，去選擇和品味意象、感覺和想法，例如孩子會說《野獸國》的主角和他的弟弟很像。「回應」是回應這些意象和連結故事感受再加以詮釋，例如覺知到故事和實際事件之間的差別，或注意到自己對一個角色態度的改變等（McGee, 1995）。另外，幼兒對文學還有三種主要的回應（見表 7-1）。

表 7-1　幼兒對文學回應的種類（Rahael et al., 2002: 31）

種類	內容	例子
個人性回應	重視所讀的文本	感覺受啟發、喜愛的程度
	分享個人故事	相關文本，班級、家庭和個人經驗
創造性回應	創造性的參與文本	設身處地、取代文本事件（假如怎樣會如何……）、延伸文本
	創造性的參與作者	寫信給作者、想像自己是作者
批判性回應	文本分析	批評有關文學因素、作者訊息、影響效果等

發展好的討論

故事討論不只是提出幾個教學重點、問幾個理解性問題而已,而是要能示範什麼是思考、感覺和做為讀者的意義。老師願意嘗試討論,正如Cazden所言:「老師從課程到討論的轉變之核心,其實在於完全不同的知識與教學的觀念」(蔡敏玲、彭海燕譯,1998:59),是很大的突破。幼兒是積極的聽者,一有感興趣的議題出現,就會主動發問。討論是相互的對話,為幼兒閱讀時隨時可討論,而不是要等老師下結論或點名後才能回答;加入討論也讓他們學到耐心、合作和考慮他人的想法。

如何進行討論並沒有固定方法,因為每次都不一樣,老師可以錄音下來檢討,聽自己和幼兒的對話以發現問題和思考如何改善。討論不是漫無目的的閒聊,一有機會幼兒就會討論,但如果時間太短促,有些內涵就來不及產生。孩子會很自然地討論,就像他們在吃點心時的談話一樣,會提到相關或過去的經驗,老師可幫他們做連結,例如「這是不是讓我們想起上禮拜讀到的……」;也可從孩子說的話中找線索,了解接下來如何協助他們思考和討論。就如下面一位老師和班上幼兒討論《快樂的小青蛙》這本書的內容時的情景:

T:這本書的青蛙是快樂的,我們來看看牠們為什麼這麼快樂?等一下講完,我會請小朋友來說說,開始囉!

C:講英文的(幼兒看到書本上有英文內容)

T:哦!對!它也有英文可以看,而且這本書是得獎作品喔!小青蛙每天都會邀請牠的朋友開音樂會。(T開始清唱『小青蛙』的兒歌,C會唱的也會跟著附和。)後來有愈來愈多的人來釣魚,池塘的水愈來愈髒,同伴都不見了。愈來愈多像××(小朋友名字)來釣魚,愈來愈多的同伴被○○(小朋友名字)的昆蟲箱抓走了。」(老師

用小朋友做例子，幼兒都笑了！）。有一天，池塘邊多了一個牌子，是什麼（老師指著圖中圖片）？

C：不能抽菸！

T：是嗎？這是禁止釣魚的牌子。

T：不能釣魚，但它沒說不能釣青蛙，也沒說不能釣烏龜耶！

C：（笑著說）烏龜這麼大隻怎麼釣呀？⋯⋯它沒說不能丟垃圾！

T：對喔！怎樣才能不讓人亂丟垃圾？

C：「用石頭把池塘圍起來，就不能丟了！」「⋯⋯設計一個陷阱。」

T：來！你到前面表演你的陷阱怎麼抓丟垃圾的人。（幼兒到前面比手畫腳的解釋著）

C：亂丟垃圾的人把他抓起來，關在監獄裡。

C：老師，我設計的陷阱，鐵鎚有電腦控制，魚還可以去按按鈕，把丟垃圾的人抓起來！

T：喔！很厲害！魚還可以按電腦、按鈕把丟垃圾的人抓起來！

T：為什麼要按紅色的按鈕？（因許多幼兒的意見皆提到紅色按鈕）

C：我剛剛說的是黃色按鈕。

T：那紅色按鈕和黃色按鈕有什麼不同？

C：紅色的比較嚴重。

T：好！那垃圾是不是臭的？電腦感應的是動作還是味道？

C：「動作⋯⋯」「味道⋯⋯」

T：認為是動作的舉手，認為是味道的舉手。那沒舉手的是動作和味道一起來囉？那我有個問題：如果阿古（小朋友）今天吃了好多大黃豆，走過池塘突然放了個好臭的屁，那他是不是就被設計的陷阱的石頭打到了？（幼兒笑著，老師繼續請幼兒上台發表）

C：如果有人丟垃圾，青蛙就會伸出大舌頭，把丟垃圾的人捲起來丟出去！

T：喔！超厲害的！他說的和大家都不一樣，很棒！我喜歡不一樣的。

等一下如果你還有更好的辦法，可以請老師幫你把它記下來。……
那你們知道為什麼我要講這個故事嗎？

C：不能污染海裡！

T：嗯！那和我們教室有什麼關係？

C：會把教室沖走！……波浪、龍捲風會讓教室飛走，人都會死掉，地
球都被破壞掉！

T：你們都好厲害！可是我要講的不是這個。很重要的，我已經說了一
個禮拜了，說說看！……請你們看我們的牛蛙、小烏龜、小鱉，牠
們的水是乾淨的，還是髒的？

C：乾淨的！

T：為什麼是乾淨的？

C：我知道原因！

T：因為平常你們丟了太多的飼料給他們，大牛蛙一天吃幾顆飼料？

C：一顆！

T：那×××（小朋友）放了幾顆？

C：七顆！

T：放太多，水就會髒掉，牛蛙就會不想吃東西，你們又不敢捉牛蛙，
只好我和林老師來換水。如果你們不想讓牠們過得不舒服，或看到
水髒髒的，還要不要放那麼多飼料？飼料是肉做的，就像我們買肉
如果不冰起來，會不會臭臭的？教室是不是好臭？我知道你們喜歡
設計機關，那會射到你們自己！……所以以後牛蛙是餵幾顆？」

C：一顆！

T：嗯！好棒！現在請好棒的小孩去洗手吃飯！

老師在這段討論中綜合運用許多技巧鷹架幼兒的學習，其引導討論的方
法包括：提示、將參與討論幼兒的名字融入故事以激發興趣、請幼兒輪流上
台表達意見或表演書中情節、將幼兒的意見重述和整理歸納，以確定其意思

等。輕鬆幽默的提醒幼兒細節、將孩子的回答做扼要的整理記錄、表示喜歡並鼓勵不同的回答、提醒幼兒思考故事與生活或教室學習之間的關係，同時藉書中主題來糾正幼兒的不當行為，達到功能性目的。幼兒在討論中的觀察能力也很敏銳，能發揮豐富的想像力，並快樂回應老師的期許和行為要求。

此例中的老師在討論過程中不斷的聽、重組、摘要和推動孩子的談話，促進其更深的了解；在引導討論時強調了主題重點，幫孩子將自身經驗、想法、知識與書中內容連結；也教他們學習自我引導、與同儕互動，或回顧過去討論過的。這是一段能讓幼兒體會、理解、有趣又有意義的討論。

討論中的提問

在與幼兒討論故事書時，提出好問題才能促進互動的經驗，反之則會阻礙討論的進行。如以《莎莉，離水遠一點》一書的討論為例，一般常見的提問類型有：

- 封閉的問題：只有一個固定答案，如「誰和莎莉一同去玩？」
- 開放的問題：有限範圍的合理答案，如「莎莉的媽媽為什麼一直嘮叨？」
- 合理的問題：是在合理範圍內的一種意見，如「你認為誰最享受到海邊的一天？為什麼？」

如何問和問什麼問題會影響後續的討論，如果只問封閉的問題，會侷限孩子的想像與思考，久之他們會將發問看成是例行公事，只要回答標準答案或老師期望的答案就可以了，然而這種發問卻是老師不自覺使用最多的一種方式。如果發問只是虛應故事，或不等孩子思考就直接宣布「答案」，將使討論無疾而終，開放和合理的問題才能激發孩子的持續討論。如果孩子主動提問，老師更應盡可能回應並提供建議、擴充回應的內容、做語意延伸、澄清問題，和提供與主題有關的訊息等（Snow, 1983）。下面是提出好問題的原則（Galda & Strickland, 1997）：

- 問簡短而清楚的問題，多讓幼兒說話。
- 等十五秒再問下一個問題，盡量給幼兒思考回答的時間。
- 聽幼兒說什麼，鼓勵他擴充所說的，有時只要重複其說的話即可。
- 問一些能引發幼兒推論、預測、假設、評估、比較和對照的問題。
- 問一些能引發幼兒質疑自己的想法和假設，或理解自己邏輯的問題。
- 問開放式的問題，無預設立場或標準答案，鼓勵並接受不同的回應。
- 讓幼兒對老師或同儕都有發問機會，並以發問的方式學習。

下列的問題類型可提醒幼兒注意所讀圖書的各方面，也能促進他們廣泛的思考和討論（Moss, 1984）：

- 閱讀前的問題：像是介紹封面和插畫、提供背景訊息等。
- 故事基本的問題：直接呈現在文本或插圖上的訊息，像是有關誰、什麼、哪裡、為什麼及故事情節等。
- 需要解讀的問題：需加以對照、比較、類化，或考慮動機的主題等。
- 關於故事技巧的問題：文本型態與結構的觀點、寫作類型、插畫技巧等。
- 連結文學的問題：對照比較相關的故事、角色、情節、主題和風格等因素。
- 與本身或世界有關聯的問題：對故事設身處地的反應、聯想或比較。

老師若要了解自己的發問技巧，可錄下一段師生對話，或老師不在場時幼兒彼此之間的討論，再比較這兩卷帶子有何不同，看誰說話比較多？老師的提問是否只是在測驗？是否鼓勵孩子彼此討論？是否建立在孩子的意見上，或只是例行公事？再寫下反省，思考可以怎麼改善。

閱讀過程中的討論

老師與幼兒的故事討論和對話也可詳細的從閱讀前、閱讀中和閱讀後的三個階段來分別說明（表 7-2）（McGee, 1995; Tompkins & McGee, 1993）。

表7-2　閱讀過程中的討論

閱讀前	閱讀中	閱讀後
老師為大團體讀故事，再回小團體討論。老師先讀熟故事、體會感覺，知道在何處停下討論。提一、兩個解釋性的問題，以刺激孩子對故事的期望，或討論插畫如何幫助我們了解故事。小團體的討論效果較佳，幼兒留在同一小組有助於彼此信賴和傾聽，也較易於進行討論。	老師不主宰討論，只協助引導自然進行。孩子圍坐成圓圈可以看到彼此，掌握主題一次只有一個人說話，每人都專心聽別人說。引導對話是自然產生的討論，由老師提問，請兒童說明。有時讓幼兒主導談話，除鼓勵聆聽，還整理分析幼兒的意見，或提出新問題以供討論。	孩子往往熱烈的想要參加進一步的各種回應活動，此時的對話已簡略而有限，只談自己喜歡的部分而已。老師不必勉強他們一定要說話或發表；透過進一步活動的參與和體會，會更豐富他們對文學討論的動機和內容，也能擴充學習與了解的深度與廣度。

　　老師可在閱讀的任何階段發問及與孩子對話，預先準備的問題能有效引導讀者和文本的互動。

- 閱讀前：老師預先詳盡閱讀，想出幾個「解讀性問題」來促進對話。此時發問意義在活化孩子與故事之相關經驗，可以引導他們看書的封面、名稱、插圖，問他們這故事大概是有關什麼？

- 閱讀中：老師稍微退後，讓孩子的想法來引導對話方向，把握可教的時刻，提供孩子洞察文學因素和內容意義的機會。集中孩子的注意力到文中觀點上，請孩子預測或統整意義，再綜合其推論解讀和評估意見。

- 閱讀後：此時發問是在了解幼兒的理解程度，孩子在讀完書仍會持續思考，或在延伸活動上表達心得，像是畫一張圖、寫反應日誌、創作故事和詩、進行美術或戲劇演出等；可多進行後續的探討來豐富其文學對話（McGee, 1995）。

　　當閱讀、討論逐漸成為習慣，孩子會更注意故事的內容和結構，也會開始去比較和對照，產生深入的思考討論，也進入對文學主題、讀寫因素、插

圖和文本關係的深度了解中。

教師角色與鷹架

　　老師如何引導討論會影響討論的品質。有些老師是「領導者」；依讀者的理解和故事目的來引導討論，一問一答的方式最常見。有些老師是「指導者」；很難與幼兒對話，而是主導問題、塑造幼兒的回應，以達到教學的目標。但真正的對話是合作性的，在真實的對話中才能共同建構意義，只有「參與的同伴讀者」的角色才能讓所有參與者都合作分享解讀，並提出見解（Wells, 1995）。可見在成功的討論中老師不是焦點核心，幼兒讀者的反應才是，但老師回應的品質很重要，要能提出真實的問題、認同接納適當回應（Eeds & Wells, 1989）。另外，一開始就要創造讓幼兒樂於參與的氛圍，提醒並養成好的討論規範（Galda et al., 2000），或與幼兒共同訂定討論的規則，像是：

- 讓對話持續下去。
- 討論要包含全部的團體成員。
- 要回應別人的問題和想法。
- 專注於活動。
- 輪流說話不彼此干擾。
- 有禮貌。

　　文學討論活動是孩子在團體中一起思考、創造新的了解，老師不是教孩子怎麼做或要他們照做，而是在此有意義的情境中，協助他們檢驗自己的理念。但那並不是加在傳統教室結構上的新活動，或較好的閱讀教學法，而是依賴師生的協同合作關係所進行的以「探究」為主的課程。不少老師不知如何帶領討論，有的抱怨班上的孩子不會討論，或只有表面形式、草草了事的討論，問題在於討論其實需要很強的「團體意識」，必須是面對值得信賴的人，孩子才會願意分享；對書沒興趣或缺少先前經驗也不會討論，而探索的

議題更要能支持孩子的興趣。因此老師要支持而不主導、準備豐富的主題情境和組織有效的討論團體、建立團體意識，孩子才會踏出討論的第一步。

　　老師啟動討論可從兩種問題開始（Short & Kauffman, 1995）：一種是相關議題或事件，老師沒有預設答案，只想知道幼兒怎麼想；另一種是讓幼兒擴充意見或深入解讀的問題。當孩子說「這本書很無聊」時，可能會討論不下去，要鼓勵他們多說一些或問他為何覺得如此，還要認同他們的意見。多用嘗試性的語言，如可能、好像、似乎等來分享想法，幼兒才不會因為畏懼老師的權威而不願說話。

　　經過不斷的練習，幼兒在團體中一般性、隨意的「談話」（conversation）會逐漸轉移到較深入的「對話」（dialogue）中，而較能進行有意義的批判和探索（Peterson, 1992），這明顯的需要老師的支持來創造「對話」的機會。在討論中，老師幫忙腦力激盪或做有關的連結，而一個討論結束後，接下來的新議題也可能隱藏在那些連結的訊息中。

圖書選擇與討論記錄

　　好的圖書討論能讓孩子連結生活經驗、洞察比較、靠近觀察和深入思考，教師引導孩子進行「鮮活的討論」會關係到討論及學習的意義、成效和影響（谷瑞勉譯，2004）。圖書本身會形塑討論的方向（Roser & Martinez, 1995），讀者會將所讀的書當成是經驗、訊息或主體（object）來看待，而展開不同的討論（Cianciolo, 1992）：把書當成「經驗」時，會討論故事的世界，有關角色的動機意圖等，是一種「經歷過的經驗」；把書當成「訊息」時，探討的是真相或主題；把書當成「主體」時，是要看這故事如何寫成，以及作者如何決定觀點、塑造角色、建立情緒和使用象徵。有些書會刺激兒童去討論故事本身，如《我想有個家》、《朱家故事》等；有些會讓人討論某個主題，如《田鼠阿佛》、《阿力和發條老鼠》、《瘋狂星期二》等；有些則讓孩子注意到創作和插圖技巧，如李歐李奧尼和艾瑞卡爾的書。因此老

師用心選適當的書，是能產生鮮活討論的先決條件。

在討論時如果只是口頭說說恐怕很容易遺忘，也缺乏活動檢閱和可供追蹤或延伸的紀錄，因此做筆記或某種形式的記錄整理，對日後評估討論成效或調整計畫是有必要的，孩子也能回顧和深化其學習經驗。老師可記錄下孩子的討論，或畫圖表供溫習或指引未來探究的方向；內容包括主題重點、建議的問題、歸納比較的結果等。圖表的形式沒有一定，主要能視覺化地彰顯討論的主題方向和重點即可，各種經討論整理出的文學主題或概念圖表，將在第十與十二章中再詳盡說明。這些圖表都在記錄對文學的回應，其中有個人想法，也有團體共同建構的意義與理解，可做為課程探究的橋樑，也是展開其他回應活動和繼續學習的依據（Roser & Martinez, 1995）。圖表僅是初步的文學討論反應，等逐漸熟練後兒童會開始書寫日誌，更完整地記錄心得和進入另一階段的寫作活動。

文學討論案例

下面是一位美國四年級教師試著在教師主導和孩子自主之間維持平衡，所實施的文學討論活動，說明了在數個階段的實施過程中所遇到的各種問題、困難和修正解決，以及終獲成功的歷程（Hart, Escobar, & Jacobson, 2001）：

文學討論的活動每週進行兩次，每次分三階段進行。階段一：每組學生先熟讀要討論的書；階段二：實際討論每組所強調的主題；和階段三各組簡報討論的結果。學生參與對話的成熟度會隨經驗的增進而提高，歷程如下：

階段一：九月，讓學生彼此熟識。學期開始都從出聲閱讀做起，尊重並讓學生分享意見，接著閱讀《夏綠蒂的網》。學生在討論前先讀一、兩章，發給每組一張老師寫的問題去討論，幾分鐘後再與下一組交換問題討論，直到每組都討論過這些問題為止。這些問題

是開放式的，像是「你會如何描述韋伯？」，初期的討論很直接，學生回答問題也很簡單，例如「我認為韋伯很好」。學生因為是初次參與，所以並沒有什麼討論，只是在做傳統的問答活動，而且只有老師問學生答，他們彼此並未互相發問。

階段二：十一月，讀《又高又醜的莎拉》，試著在內容上放手。老師不再提問題，而讓學生自由提出覺得重要的問題，老師也示範團體可能遇到的假設性情況，讓學生知道表達反對或不同意見沒有關係。但因所示範的討論過於簡略不夠深入，以致只有少數孩子全程參與討論，且較浮誇而無法兼顧「給與取」（give-and-take）式的互動；有些討論即使有不錯的發展（例如會去比較別人的母親），卻因不夠深入而沒人有興趣繼續擴充。

此時老師介紹一些文學討論的規矩，讓班上腦力激盪出一些規則，希望能促進社會技巧和真正的討論，也要求學生自我評估是否遵守這些規則。此時也從建議問題，轉變到由學生提出自己感興趣的問題來討論，開始強調文學討論的內容和程序，但內容方面還很模糊。老師擔負起組織者的角色，孩子可以自由表達，但要服從規則，如此才有真自主。但孩子的討論仍環繞在「你喜歡什麼？不喜歡什麼？你最喜歡哪個角色？」等問題，也不會考慮主題，因此老師又開始提供學生問題單。

階段三：二月，回到內容的掌握。學生終於發展出較好的對話；在讀另一本書時，老師又回到主導討論問題上，給每組一張問題紙條討論並傳遞。方式與早期一樣，但學生的討論程度卻與從前不同了，他們開始有真正的想法，會互相聆聽並延伸擴充，連結生活經驗和其他相關的書，也會討論重要的議題如性別等。

階段四：三月，整合。學生會自己寫問題傳給各組討論，較能掌握討論的內容，逐漸養成自主、社會能力和真正的討論。他們所寫的問題漸趨複雜，而自己寫的問題似乎更能激發深入的討論。老

師用學生啟動的問題來檢驗個人和社會的議題，使他們的思考更加敏感和周密，從「為什麼這樣？」到「你如何感覺……」或解讀性的問題……，他們也更能主動且設身處地的討論而不需再靠分配討論角色來進行。老師努力維持討論中教師主導和學生自主之間的平衡，不斷嘗試修正，終能成功邁向「重要的談話」。

CHAPTER 8

文學圈

上一章初步提出討論的重要，也說明了閱讀不再是一種固定、內在或孤獨的活動，讀者需要說話、要有機會反應和表達思考，本章將繼續深入討論的實施。

探究的課程

教育非常強調合作學習的重要性；「合作學習」（cooperative learning）和「協同學習」（collaborative learning）都有共同合作之意，但前者是指較結構性的記憶導向和老師主導的團體活動，後者則是較開放的以幼兒為中心的探尋（Daniels, 1994）。每個人在團體中積極參與付出、彼此傾聽分享，是協同合作之關鍵；這與大團體中的一個人說話其他人聽，且集中在預定的結果上的做法不同，除了有效溝通，還能達到民主社會的團體和分享的責任。強調推動對文學「**重要的談話**」（Eeds & Wells, 1989）就是要讓孩子經驗讀寫活動中的社會性和合作性，不只是淺聊而已。

閱讀的目的也不在是否「會」讀書，而在能否積極思考所讀（Hill, Johnson, & Noe, 1995）；只有鼓勵幼兒成為反省批判的讀者和學習者，才能達到這個目的。這樣的文學活動課程稱為「文學圈」（literature circle）（Dan-

iels & Steineke, 2004; 林文韵，2004），是以探究（inquiry）為基礎的教學；課程的核心不是書，而是「探究」，藉著探究，孩子去發現問題並加以解決。有人認為「以文學為基礎」的課程名稱可能會誤導，應該是「以探究為基礎」的課程（Hill et al., 1995），而文學在這個探究過程中確實扮演著關鍵的角色。文學圈的重點是探究本身決定了學習的過程，然而這樣的課程卻有時會變成抽象的理論或一種套裝課程，因此老師最好能持續研討、思考，而不是仰賴訓練或依循模式；「探究」不只是孩子課程的核心，也是老師專業成長的重點（Short, 1995）。圖書討論的活動除了「文學圈」的名稱外，還有「文學研究團體」、「圖書俱樂部」等，都具有同樣的特性：討論高水準的文學、每個幼兒都有參與互動的機會、接受並看重個人的回應，和以幼兒對話決定討論的主題。

文學圈的內涵

文學圈是北美中、小學很常見的語文活動形式，是兒童定期聚會閱讀和討論文學的活動；成員多為異質性，包括不同的興趣和能力。各年齡層孩子在實施文學圈活動時的結構型態和程序大致相近，只有做法稍不同。孩子聚在四至六人的小團體中討論圖書，可以全班都讀同一本書，也可以分組讀不同的書，但其中有主題、類別或作者的關聯。國小低年級階段，每週聚會一次，較大孩子則可每週聚會兩、三次，每次分享喜歡的圖書段落、提出問題、表達反應，或深入文學的各層面。討論還伴隨著寫日誌，孩子可從自己所記錄的對話日誌中去找問題、做預測、發問澄清或進一步查書驗證自己的論點。

其實文學圈活動並不是一種全新的做法，以前教室裡就有過正式或非正式的討論小組，老師也多少教過閱讀理解和策略。文學圈只是將這些交織在一起，不以老師為中心、沒有既定做法，也沒有能力分組或作業簿的規定，其和傳統閱讀有下列的差異：

討論焦點不同

　　一般的閱讀討論強調文本分析和正確解讀，文學圈則較重視孩子的反應，亦即「啟發」（evocation）（Rosenblatt, 1978）。目的不在解釋故事，讓每人達到一致的了解，而是由個人帶來不同的討論和貢獻，他們可以談友誼、家庭、想像世界或任何經驗。文學圈的閱讀討論激發孩子的想法、促進個人感應，使他們樂於分享，也引發更多閱讀和深化理解。

幼兒與老師角色的改變

　　因讀者生活經驗與相關知識的不同，對同一本書會有不同的反應，參與文學圈活動有責任要準備好閱讀才來討論；孩子們的想法和主動分享是活動的核心，老師則是批判思考和自我反省的示範者。過度引導會壓抑學生自由的想法，要求標準答案更會限制其思考，因此老師只要不主宰、鼓勵學生、從旁提供需要的協助即可。

文學圈的特色

　　美國英語教師協會（National Council of Teachers of English, NCTE）和國際閱讀協會（International Reading Association, IRA）都曾強調「文學圈」或「圖書俱樂部」（book club）對美國兒童而言是最好的閱讀實作。有學者曾形容文學圈的運作像五角形的「海星」（Daniels & Steineke, 2004），由五個人形成的團體不多也不少，每個人都有充分參與討論的機會，也不會被忽略；更重要的是，即使海星的一角斷了也能重生，就像是文學圈活動即使以後解散了，孩子也能夠自己培養閱讀習慣，或主動與人分享閱讀經驗。文學圈是讓孩子覺得較容易、也較有安全感的討論活動課程，具有下列特色（Danniels, 2002）：

依選書形成閱讀小團體

興趣相同的兒童組成一組，每組四到六人，可選擇喜歡的閱讀材料，先個別閱讀一段時間再集合討論，在閱讀討論完一本書後，再找另一本書閱讀而形成另一個討論團體。老師需適時的仲介或引導，使討論順利進行。

不同組別可閱讀不同的書

兒童閱讀的書過去都由老師指定，但這是不夠的，需尋求介於老師推薦和自選圖書之間的平衡。孩子需要時間去發展對書的品味、好奇和熱情，自己選書是責任，也是重要的閱讀行為之一。

小組在預定時間內討論所讀的書

文學圈是例行活動，需要固定時間來進行。如果時間太短，少於三十分鐘，對話不可能產生，孩子最多也只是淺聊或機械性的輪流扮演討論角色而已。如每天或隔天進行，孩子會有較多時間閱讀、準備和發揮。

以記錄引導閱讀和討論

老師可鼓勵孩子用寫或畫來記錄討論的內容和澄清思考，這種開放的寫作可供做為分享和繼續討論的依據。較大兒童的閱讀日誌會漸漸取代畫和寫，或寫成故事回顧、圖書海報或讀者劇場的劇本等，這些都有助於建構意義和分享想法。

討論主題因學生需要而產生

文學圈中的討論會從學生的個人反應、連結和問題中產生，由學生負責提出和發展討論的主題，不像傳統教學中全由老師主導。他們需要培養出選書、專注討論和與同儕分享表達的能力，這是朝向讀寫發展和心智獨立的起步。

聚會目標是與書自然對話

傳統教育喜歡提出聚斂性、主觀的問題和要求正確的答案，文學圈則較

在乎從事實細節中建立解讀、以個人反應來對話,和以擴散、開放及解讀性的問題來連結;所以任何回應都可被接受。但除非有親身的經歷或體驗,要不然學生無法進入分析的層次,因此要多閱讀和對話,才能漸有想法。

學生輪流扮演協同角色

　　學生在文學圈中分別擔任不同的結構性角色來進行活動(說明於 p. 110),除了負擔不同角色的責任,也引導思考,這能讓他們從不同角度看故事,也從中習得協同合作的社會技巧,和激發出對文本不同的認知觀點。

老師是促進者而非指導者

　　老師的角色具有藝術性,不是講述和說教,而是促進者、共同閱讀者及觀察者。老師要收集圖書、協助形成團體、觀察建議做紀錄,也加入各組示範思考,與孩子一起閱讀、回應、討論及分享文學。

評估是由老師觀察和學生自評

　　文學圈目標不在教導學科的次級技巧,而需要全面真實的評估。老師可用觀察日誌、表現評量、檢核表、座談訪談、個人檔案等來評量學生的學習;學生也可以做記錄及自我評量供老師參考,並一起討論學習的目標和表現。

更新組別加入新的刺激

　　在文學圈中完成一本書的閱讀討論之後,孩子會換到另外一組去讀另一本書,形成新的團體,開始另一個循環。更新的組合能產生新觀點和解讀,刺激團體動力,並融入和諧溝通、友誼模式和建設性。老師可鼓勵學生換組,不要每次都習慣停留在同一組中。

進行文學圈活動

示範與引導

只是讓孩子選書、組成小組，並不能產生投入的討論，若缺乏示範引導，任由孩子進行，他們可能會不知所措，因此老師要提供支援和回饋。開始時可讓孩子選擇喜歡、有內容的書，仔細閱讀後再到文學圈進行討論。老師可多問開放性的問題來激發兒童的思想和鼓勵回應，並邀請未參與的孩子加入。為了避免流於表面的討論，可示範對角色特性、故事動人處或延伸的問題……等方面的深入思考；並引導孩子彼此問問題、用文中的證據來支持觀點、討論作者的相關作品、與其他作品相對照、將故事事件與自己的生活做連繫，或以故事內容統整語言運用……等，總之要能耐心的示範引導。

在文學討論中，幼兒一般較常見的回應是：重述故事、畫故事和演故事。較大兒童的文學圈則可引導至更深入的活動，像是從書中角色的觀點來寫日記、發展故事圖、畫出故事情節發展線、做書冊壁畫、寫詩畫素描、製作偶劇、演出讀者劇場等，也可用視覺圖表呈現感受、歸納、比較或對照內容（Harste, Short, & Burke, 1988）。有時孩子的計畫未必能完成，進行時也可能會混亂、挫折，但還是要鼓勵他們嘗試，老師在必要時的適當提醒、提供建議和隨時鼓勵都很重要。

討論氣氛的培養

老師應為孩子創造一種愉快的氛圍來進行文學圈活動，第一次和各小組的孩子見面時，就強調每個人都要說話，也要專心聽別人說；接著示範如何討論、提供意見及回答問題等細節。老師也可和孩子一起找出遵行的標準，例如討論時要放下書本和日誌、注意聽人說話、每個人都有機會貢獻和回應

等。下面的做法應能支持較周延的討論（Peterson & Eeds, 1990）：

- 示範並鼓勵回應：先分享自己的看法，雖不必大家都同意，但要能表達。
- 自行決定輪流說話：建議從書或所寫日誌中比較喜歡或疑惑的部分開始討論，不必等老師指定由誰回答，只要注意傾聽自然接話即可。
- 提問和深入發現：孩子會從覺得某問題重要而展開討論，例如好奇一本書的插圖為何有圍框，想起另一本書也有，作者的插畫風格就成為討論的起始。
- 老師在必要時刻支持討論：當孩子的討論無法集中注意或順暢進行時，老師要加以協助，讓他們重回討論焦點。
- 觀察和記錄討論：老師在文學圈中觀察並記錄孩子的說話，注意其觀點和興趣，這也將提供評估的依據和引導方向。

至於討論過程中的問題，可提醒孩子有些答案在書中，回去細讀就知道；但有些問題只看書不夠，還要思考和感受。這需要啟發鷹架，慢慢展開孩子的思想，才能帶出豐富的討論。

實施型態與角色輪流

文學圈活動通常包括兩種實施的型態（Harvey & Steineke, 2004）：一種是每週進行兩天文學圈活動、三天其他的課程活動；另一種是每節課的部分時間進行文學圈，這種方式對新手老師較適當，可經由練習而熟練。老師可考慮自己原本的課程安排來做逐漸的融入或轉換。

文學圈的活動方式，開始時由兩位孩子先一起讀一本書，再與讀另一本書的另一組孩子討論。對少有討論經驗的孩子而言，練習文學圈討論可從較有趣的活動做起，像是「說一些話」（say something）（Short, 1997）：也就是一人先讀一段後停下來說一些內容，像是關聯、問題、預測或建議等，再換另一人說話回應，直到讀完這本書為止。這種做法讓兒童熟習討論一本書

的程序和了解可能遇到的問題,逐漸可以獨立進行。

　　孩子從兩人練習逐漸擴充成文學圈的小組討論時,每個人都要輪流承擔不同而重要的角色和責任,實踐合作學習和獨立閱讀的精神,並發展對文本多元的回應。開始時由老師依孩子需要和文本特性來指定角色,再逐漸讓孩子自行選擇想負責的工作(Danniels, 2002):

- 討論指導者(discussion director, DD):從所讀中整理出問題,引發討論。
- 讀寫開導者(literacy luminary, LL):決定讀寫問題的重要性而加以討論。
- 豐富字彙者(vocabulary enricher, VE):從文本中選擇要強調的字彙,像是不認識的字、有趣的字詞或寫作技巧等來分享。
- 程序檢查者(process checker, PC):負責討論時的記錄、提醒程序或行為規範,避免分心或離題。
- 連結者(connector):將個人經驗、學校生活、社區事件等與文本連結。
- 畫圖者(illustrator):歸納組員的討論,畫出相關的圖表。

　　也有老師在討論時將每組團員精簡安排成四種基本的角色(Hart et al., 2001),讓團員輪流各司其職、順利進行討論:

- 組織者(organizer):管理掌握時間讓每個人都有討論的機會。
- 記錄者(writer):記錄每個人對問題的想法和反應。
- 閱讀者(reader):將問題讀出來,並在團體中簡報組員的回應。
- 鼓勵者(encourager):幫助團體在適當規範內進行,並隨時鼓勵團員。

　　至於進行文學圈活動所需要的圖書材料通常是:一組分享的圖書(shared book sets),包括多本不同的書;或一組文本(text sets),從各角度看此相關主題、作者、插畫家、類別或文化背景等的文本(Short, 1997);或可配對的書(paired book),如果覺得讀一組書太多,則可用幾本有相同主題、相

對觀點可資比較的書，例如將《灰王子》和《灰姑娘》、《三隻小豬》和《三隻小豬的真實故事》等配對閱讀，這些都是包含了傳統故事和現代版本的相同主題書。

圖書俱樂部

與文學圈類似的活動中，較大兒童較適合進行「圖書俱樂部」活動（book club）（Raphael, 1995; Raphael et al., 2002），同樣是由三到五個異質性兒童所組成的以兒童為導向、以閱讀討論為主的活動；其是以閱讀、寫作、團體分享和教導四個相連的因素來支持圖書俱樂部的運行，做法如下：

- **閱讀**：依課程活動的主題，介紹孩子去閱讀相關書群，聽老師讀，也選書自己讀，引導包括理解策略和討論困難字彙等。
- **寫作**：討論後在日誌中記下個人反應，以圖畫或圖表表達；包含對事件角色、文字對話和描寫等的想法。這種寫作可以是環繞某個主題來凝聚與故事有關的寫作焦點、回應和文本有關的議題，或結合老師引導和自我引導的回應；另外，也可使用思考單和其他多元的回應方式。
- **團體分享**：在聚會之前和之後分享，之前可回顧文本、強調書中重要事件，或討論與閱讀有關的經驗；聚會後，則由孩子報告各小組的討論結果、待澄清的問題或萌生的新想法等。
- **教導**：指導孩子觀察彼此的討論，將討論錄音過後再聽，或演出討論的劇本。另外，也鼓勵擴充日誌寫作、促進對話和澄清困惑等活動。

雖然大部分的圖書討論活動都包含這些因素，但做法卻不盡相同，有時是順序不同，有時只強調其中一種因素的練習（Raphael, 1995）。老師在圖書俱樂部中的主要工作則包括了：協助選書分組；技巧和策略教學，像是如何分享和分享什麼（包括語言、理解力、文學因素和回應），及預測、比較、對照、摘要……等策略；並隨時提供適當的支持。

文學圈活動案例

下面是一個一年級班級實施一週的「文學圈」活動的過程案例（Clausen,
1995: 13-25），其中還包含了親子共讀的活動，將在後續章節中再詳細說明。
老師先考慮的是希望幼兒從這活動中得到什麼？如何以此方法教導閱讀的能
力和觀念？如何期望還不太會閱讀的一年級幼兒有深度的討論和閱讀？這裡
呈現的是一個初步的教學計畫。

學期初即與家長溝通要進行文學圈的課程計畫，寫通知單告知將如何進
行，並保持密切連繫。老師先介紹四本故事書供幼兒選擇，並做了簡單的介
紹，先選一、兩頁讓孩子試讀，若完全不能讀就是太難了。幼兒選好要讀的
書，在書單上簽名再組織小組；每個人若無法和希望的朋友在同一組，下一
次有機會再換過重組。

下面是向家長說明的信函：

....

邀請家長參與文學圈活動

親愛的家長，每週五您的孩子將帶一本在學校選的故事書回家，這些書
通常很短，但內容很好，孩子也喜歡。建議您與孩子在家閱讀，閱讀的步驟
可以是：

1. 讓孩子閱讀，一面和他談論，討論書能增加孩子的了解，這是閱讀的基
   礎。

2. 每晚讀這故事一、兩次，讀好書就是為了一讀再讀的樂趣。

3. 讓孩子用自黏貼在書頁上做記號，標出想要到校與同學討論的地方。他
   們可能會挑選有趣、好玩、困惑或與生活有關的內容，也可能會注意到
   作者的風格、角色、事件、故事主題、細節或插圖等。

4. 記得提醒孩子每週一帶書回學校討論，接下來我們還要進行許多有趣的
   活動。

試著問下面的問題,可以促進您和孩子的討論:

- 你認為這故事會怎樣?你怎麼知道?
- 你想下一步會發生什麼事?
- 你認為這故事會怎麼結束?
- 這故事中的角色像誰?
- 這是否讓你想起以前曾做過的哪件事?讀過的哪本書?

....

(週五)先讓幼兒帶圖書袋回家,邀請家長在家先一起讀,到了下週一再帶讀後心得或問題來校討論;孩子回家若得不到家長協助,老師再另找時間引導。

(週末)在家進行親子共讀。

(週一、週二)班級討論團體,每天各進行兩組,老師分別與這兩組討論,其他孩子則進行獨立閱讀。開始時老師提出一個書中的問題,問幼兒想法如何,他們熱烈討論十五分鐘左右。接著示範反應的型態並統整其觀點,幫他們超越只是「我喜歡這本書」而已的簡略意見,進一步做情感和經驗的連結。受到孩子的興趣範圍、先前知識經驗及個人參與的影響,討論有時內容豐富,有時也會遇到瓶頸。通常會討論到的內容像是:加入與個人經驗有關的感情和想法、討論角色之間的關係、強調讀後的感動,以及對作者寫作技巧的體會……等。

(週三)日誌寫作,讓孩子反思並內化從故事中得到的意義。孩子需知道如何寫作,老師會先開始進行十分鐘的「迷你課程」來說明如何寫和寫什麼,示範如何得到想法、決定寫什麼及如何與故事連結。另外也用「放聲思考」的方式示範,先提一個開頭,再和孩子一起寫下去。老師每週三都示範一種開頭或提示的寫法,以刺激孩子的回應,例如「我喜歡……我覺得……我懷疑……我希望……假如我是……這讓我想起……我注意到……」等,讓孩子接續下文。孩子一開始會很依賴這種「鷹架」,但老師並不制式化或限制他們的表達,對他們的反應提出回饋和分享,孩子會逐漸自己開始寫作。

　　（週四）進行各種文學回應的活動與分享，包括：讀作者的另一本書、整理自己的觀點寫摘要、畫故事內容壁畫、演出故事事件、寫信給作者、與朋友討論等。老師會示範或啟發不同的回應，鼓勵幼兒參與有意義的活動方案。

　　這一週以來所進行完整的文學圈活動與親子共讀大致如上述，重要的是要做到：慎選圖書、提供選擇、重複閱讀、給孩子擁有權等。在這樣一個豐富有計畫的讀寫環境中，孩子應能愉快而深入的學習。

寫作

9

寫作的目標是理解意義，兒童可用寫作來描述、敘述、解釋、說服、探究和表達感情，也藉寫作在不同情境、為不同目的有效呈現其想法。在聽、說、讀、寫的四個語文活動中，幼兒寫作相對是較不容易做到的，但仍可自然的從畫圖、寫前練習或各種有意義的活動中去嘗試。老師可教導寫作型態，也可讓兒童不必擔心規定，只依實際經驗為不同目的和觀察自由去寫。兒童接觸到的寫作活動主要分為一般寫作和文學寫作兩大類，茲說明於下。

教室中的一般寫作

教室中一般的寫作型態會因教師參與及學生獨立的程度而異，圖 9-1 即顯示了其中的不同。

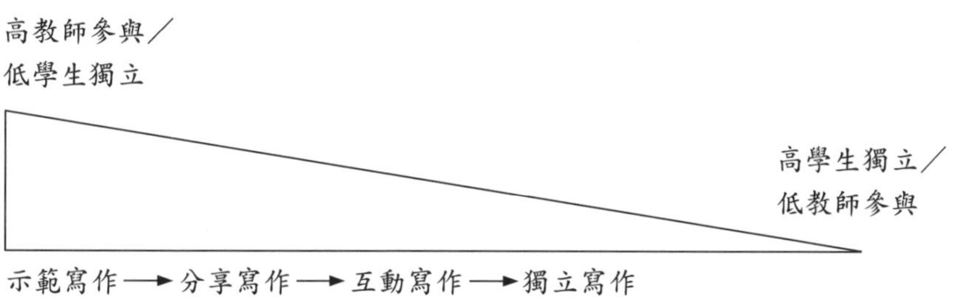

高教師參與／
低學生獨立

高學生獨立／
低教師參與

示範寫作 ➡ 分享寫作 ➡ 互動寫作 ➡ 獨立寫作

♥ **圖 9-1**　教室中一般的寫作型態（Rog, 2001: 70）

　　在最左邊的傾向高教師參與／低學生獨立的「**示範寫作**」是一種老師主導示範、邊寫邊說，教導學生如何思考及寫作的方式，像在國外幼稚園和小學低年級常見的「**晨訊**」（morning message）活動，就是老師先在海報上寫下短句，做為寫作的示範說明，以此展開一天的活動（圖 9-2）。如寫著：「今天教室魚缸裡多了兩條魚，我們要輪流照顧牠們」。老師會示範如何表達意思，包括用詞造句、標點、概念或句型等，幼兒從旁觀察學習也跟著唸讀；這可用於建立慣例或組織一天的起始活動（Rog, 2001），是一種團體活動，也能顧及個別幼兒的能力和需要。老師也可每天請一個孩子於團體活動開始前在板上寫下訊息並讀出所寫，這類書寫保留了可重複練習的文字訊息，內容盡量簡要，可隨每日學習目的而不同，或是接續閱讀活動而自然產生；也可以是一般教室規則、傳播的訊息，或對訊息的回應等，這些都能讓孩子體會以文字與外界溝通的經驗。「**分享寫作**」是基於語言經驗法取向的活動（language experience approach）（Ashton-Warner, 1963），老師記錄幼兒活動或討論時的口述內容，或用語言經驗圖表記下彼此的回應或意見表達（圖9-3）。這種記錄的內容可用於重讀或分享，或累積製成班級讀物貼在教室展示，或發給幼兒帶回家賞讀。「**互動寫作**」是師生共同收集訊息、一起創作，是動態的讀寫合一（McCarrier, Pinnell, & Fountas, 2000）；例如一起寫一封給戶外教學參觀過的花店老闆的感謝信，商討如何寫這封信時，不同能力與想法的孩子都會有所貢獻；孩子會看到書寫的實際功能，也因合作完成而較少感到困難和壓力。老師在旁鷹架和示範，每天花一點時間（約十分鐘），讓孩子認識想法如何化成句子的書寫歷程。在最右端傾向高學生獨立／低教師參與的「**獨立寫作**」則是完全讓學生自由寫作，不再需要老師的介入。此外，常見的讀寫活動還有下列這些：

♥ 圖 9-2　晨訊是示範寫作的一種方式

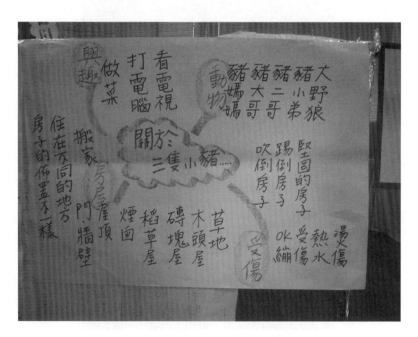

♥ 圖 9-3　分享寫作記下孩子的討論內容

功能性的讀寫活動

通常孩子在學校或家庭生活中，看到成人或兄姊在閱讀或書寫時會羨慕而渴望加入，而很自然的跟隨或模仿他們的讀寫行為。他們會運用周圍環境中隨處可見的文字，自由練習運用，以之培養新技巧和概念，是屬於功能性的讀寫活動（Vukelich et al., 2002），包括了：

環境印刷文字

環境印刷文字（environmental print, EP）通常是孩子最先認識的文字型態，情境提供文字意義的線索，存在於生活各處，這使閱讀因有線索可循而變得容易，如在動物的圖樣旁寫上動物的文字名稱，或在圖書角寫出讀過的書名（圖 9-4）。老師可引導將生活環境中的文字帶入教室來促進學習：

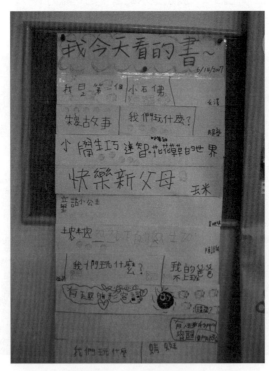

♥ 圖 9-4　仿寫書名

- 環境文字展示板：請孩子收集生活周圍環境中會讀的文字（如商店圖文對照的廣告單），剪貼在個人的本子或教室牆壁上，題名「我會讀的字」。
- 環境文字檔案夾：放入檔案夾做成環境文字書（如將各種食物商標或物品廣告等集成一本書），放在教室圖書館。
- 環境文字之旅：進行社區巡禮，記下所見到的環境文字，收集成書再一起閱讀。
- 環境文字小冊：剪下雜誌書報廣告中認識的字，集成「我會讀」的小書。

功能性文字

功能性文字（functional print, FP）顯示功能和目的，很實際地與每日學校活動有關，能讓孩子認識工作內容、教師順利教學，像是：

- **標籤**：指定需要完成的工作，如擔任值日生、討論領導、餵食所養動物等，或用來標示教室、圖書或櫃子標籤、區別角落設備、傳達訊息等（圖 9-5）。

♥ **圖 9-5**　標示教室活動區

- **表格**：如簽到單、角落學習單，讓幼兒依名字或相片寫下要做的工作，能幫幼兒認識自己和別人的名字與活動（圖 9-6-1～圖 9-6-2）。
- **指示**：提醒教室適當行為的規則，如錄音機的使用、貼「請勿動手」或「請勿奔跑」的標籤、圖書類目錄索引或活動步驟說明等（圖 9-7-1～圖 9-7-3）。

♥ **圖 9-6-1　填寫簽到單**

♥ **圖 9-6-2　抄寫活動問題**

♥圖 9-7-1　書寫行為規範

♥圖 9-7-2　使用方法說明

♥圖 9-7-3　圖書索引

• **時間表**：活動進行流程，用圖片強化，師生可據以行事。

• **日曆**：標示和記錄幼兒的生日、每日活動和重要事件等（圖 9-8）。

♥ 圖 9-8　每日發生事件之記錄

• **信息**：簡短記錄特殊事情，如某天有訪問者或有戶外教學等。

• **簽到表**：表示幼兒到校，或有不同目的，用來點名或建立團體感、規劃設備或角落的使用等（圖 9-9）。

• **物品清單**：如材料或設備的項目與數量，孩子可依此收拾和檢查。

• **連結遊戲**：扮演遊戲中的相關活動，如買賣遊戲中的廣告和單據、醫護遊戲中的招牌和處方等，都可增加幼兒書寫的機會。

♥ 圖 9-9　幼兒簽到表

語言經驗法

語言經驗法是先由幼兒口述自身經驗或自己所畫的圖，老師協助記錄文字，寫好讀給他們聽，再請他們讀出來。寫時可由老師起頭，讓幼兒接續，或順著一個故事發展；為幼兒示範讀寫是個人經驗的敘述，也是分享寫作的一種，最好能每天進行，讓幼兒體會到實際的寫作是需要持續的（Smith, 1988）。另外，平時也可多鼓勵幼兒將心中想法寫或畫出來與人分享，不必擔心不會寫，用畫圖或注音都可以（圖 9-10-1～圖 9-10-2）。從語言經驗法中還可發展出三種寫作方式（Vukelich et al., 2002）：

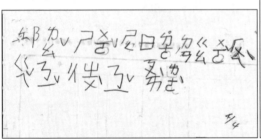

♥ 圖 9-10-1　書寫生日卡　　　　♥ 圖 9-10-2　自由書寫

團體經驗故事

　　孩子的共同經驗（如戶外教學）會刺激出許多的用詞與想法，老師可引導孩子以此經驗造句造詞、編寫故事（Cunningham, 1995）；例如問幼兒「你記得在動物園的時候看到……？」在海報上記錄孩子的語言。寫時可以邊說明、邊教導相關概念，或收集字句卡排列完唸給孩子聽或掛在角落展示（圖9-11）。

♥圖 9-11　海報字卡

個人語言經驗故事

　　幼兒自己寫下語言經驗的紀錄，可直接寫入空白本子，或裝訂成冊放在
圖書角。這種內容是經驗的反應，很容易閱讀，幼兒會產生擁有自己作品的
創作感。

班級報紙（Veatch, 1986）

老師可帶領幼兒辦理一份小規模的班級報紙，讓幼兒收集新聞發表，或在平時分享經驗時，選擇有趣的事件放在班級報紙上。例如每週一早上可以有「頭條新聞」，請孩子報告週末發生的事情，將重點寫在紙條上放在展示板上，再放入每人的輪流報告檔案中（圖 9-12-1～圖 9-12-3）。

♥ 圖 9-12-1　頭條新聞

♥圖 9-12-2 學校報紙

♥圖 9-12-3 班級新聞報

教師安排的寫作

老師可在教室中安排一個書寫的環境，那可以是在語文角為幼兒提供所需之讀寫材料和設備（像是紙、筆、電腦等）來進行下列的活動：

寫作工作坊

寫作工作坊（writing workshop）最早在 Donald Graves（1983）的《Writing: teachers and children at work》中被介紹給學校老師們後，便成為北美很普遍的一種教室書寫活動。在一個結構性的情境中，幼兒寫作時彼此分享草稿，閱讀彼此的作品，並依同儕提供的意見來修正，一起克服書寫的困境，也得到同儕的鼓勵和回應。孩子以同儕做資源人士來幫助他們練習寫作，讓老師有空與其他幼兒進行寫作座談（writing conference），指引他們的寫作問題。老師也會將有相同寫作問題的幼兒集合起來做「迷你課程」的教學指導。寫作工作坊活動主要包含了：

- 寫作：利用時間寫作，每週至少一次，每次約十五分鐘，老師會去觀察和協助個別幼兒。
- 迷你課程：約十分鐘，教導寫作的過程、方法等特性及為何寫作等內容，因時間簡短，內容必須精要。
- 團體分享：寫完有一、兩位幼兒會坐在「作者椅」上讀作品給大家聽，並接受班上同儕的回饋及發問，聽者提問互動約進行十分鐘。幼兒感到自己的作品受到重視，能發展作者意識和強化寫作動機，接著再將作品出版。

日誌和互動性寫作

日誌（journal）是表達個人對日常各種經驗的心得，可用圖畫或文字寫出，能使孩子將注意力放在價值態度和倫理議題上，並有自我探索、鼓勵思

考和促進寫作等功能（Geddes, 1992），也能提供老師有用的訊息來評估幼兒。日誌大約有以下幾種主要的型態，多具有互動性特質，老師可帶領並安排時間讓孩子練習：

- **個人日誌**：是最容易、初步的日誌寫法，孩子每天寫他們想到的，像是生活與學習的問題等。
- **對話日誌**：陳述與學習有關的問題，老師會有所回應與之對話，從中了解和提供協助，也更接近孩子。
- **學習日誌**：寫下對課程學習或閱讀的想法，常與經驗相連結。
- **同伴或團隊日誌**：是一對或一組兒童，針對特定主題一起寫作或進行對話，孩子會讀到別人的回應，參與直接溝通。
- **對話寫作**（dialogue writing）：老師先寫一段短文給孩子，孩子回寫一段，老師讀後再回覆，如此循環下去，或與孩子座談，聽其說明後再回饋。
- **筆友**：是與朋友或別班孩子交換閱讀心得或寫作，例如每週寫一封信放在對方信箱中。活動裡有真實的對象和寫作的目的存在，老師也可協助不同寫作程度的孩子配對進行。

如以日誌的性質來區分，則包括了：創造性日誌、主題或學習日誌、文學反應日誌……等種類，都是為了記錄各種學習目的下的思考和發現。「**創造性日誌**」是自由寫出日常生活的心得經驗或想法（圖 9-13）；「**學習日誌**」用於記錄學習或研究，像科學活動中的觀察或實驗發現（圖 9-14-1～圖 9-14-2）；「**文學反應日誌**」是針對文學閱讀後的心得記錄整理（圖 9-15-1～圖 9-15-2）。無論在幼稚園或國小，老師都可鼓勵孩子用這些日誌來進行多元豐富的寫作嘗試。至於較大兒童寫日誌時，可進一步練習運用一些寫作的技巧（Isaacs & Brodine, 1994）或加以混合，多練習而能熟練運用。像是：

- 自由寫作、陳列想法。
- 用別人觀點、設身處地來寫作。
- 以第一人稱書寫，發揮同理心和想像力。

♥ 圖 9-13　創造性日誌

♥ 圖 9-14-1　學習日誌

♥圖 9-14-2　科學觀察之學習日誌

♥圖 9-15-1　文學反應日誌（青蛙與蟾蜍）

♥圖 9-15-2　文學反應日誌（彩虹魚）

- 近身觀察描寫，重新創造一個景象或經驗。
- 用圖畫或象徵畫出感覺和觀察（me-maps）。

　　為鼓勵孩子書寫，老師平時即應示範各種目的的寫作與記錄活動，例如在做學習檔案、寫公文、觀察記錄或寫家庭聯絡簿時，讓孩子看到也示範寫是很重要也多元的工作；還要盡量找時間和他們彼此分享所寫的作品，但不勉強修正。可為每位孩子準備一個檔案夾，內容包括寫作主題單、工作進度

和與老師座談的紀錄等,供隨時參考。

過程寫作

　　讀與寫是相關聯不可切割的學習活動,孩子一旦開始會讀並用環境文字來進行有意義的寫作,就會進一步找更多資料一直寫下去和設法寫出可讀的字。幼兒其實一有機會就會想寫,老師應盡量讓他們滿足和自由發揮。像寫小書就讓孩子體驗圖書出版的意義(圖 9-16-1〜圖 9-16-3),也感受到自己作品正式呈現的成就感。這種持續的過程寫作(process writing)所強調的特點是(Raines & Isbell, 1994):

♥圖 9-16-1　兒歌小書

♥ 圖 9-16-2　樹的小書

♥ 圖 9-16-3　四格小書

- 每天寫,從學期開始就建立慣例。
- 為功能性的目的而寫,並使之成為慣例。
- 鼓勵幼兒將對文學的反應寫出來。
- 用書寫與教室內外的人溝通。
- 鼓勵幼兒將讀與寫連結。

對較大兒童還可依情況調整,用「預寫、草稿、分享、編輯和出版」的幾個明確步驟來引導他們(Isaacs & Brodine, 1994):

- **預寫**:是寫作過程的開始,孩子先在小團體中腦力激盪組織想法,或由老師協助建構一個故事或概念網,做為寫作大綱。織網或腦力激盪是刺激,也是寫作的初步計畫;例如要寫「春天」,孩子想到的或激盪出來的相關主題可能包括了:香氣、溫暖、顏色、心情快樂、萬物新生、播種耕作……等,再從中選擇幾個項目,繼續發揮寫作下去。

- **初稿**:寫作初稿時不必考慮太多,只要將想到的或先前討論出的內容不間斷的寫下去,以後再考慮修正的問題。鼓勵孩子自己將寫作讀出來,或以手指字唸讀,將寫和說配合;老師也要對其寫作回應,將補充部分記在下面。

- **草稿和修正**:孩子會有再寫一遍或自我修正的意圖,可建議他唸出作品,請其他孩子說出喜不喜歡或疑惑的部分;不需空洞讚美或過度批評,老師可示範提出「我想多知道一些有關……」的發問,幫孩子修正或加強其作品。

- **分享寫作**:孩子會以不同的方式分享其寫作,如貼在告示板上、裝訂和出版作品,或坐上「作者椅」讀給大家聽;當他們完成作品,或修正到可以公開的地步時,就登記一個時間為全班宣讀,這通常是寫作工作坊最後結束的活動。聽眾希望聽一個完好的作品,而作者也希望有人欣賞;幼兒可讀一段老師幫他記的口述故事,一、二年級生則可讀老師或義工幫忙修正過的文章;無論孩子的寫作程度如何,分享活動就是強調作品要被讀出,讓寫作有人欣賞。

• **編輯和出版**：孩子將作品拿來和老師或同伴討論，聽取他們的意見做修正後，可選擇其中之一來出版。所得到的建議可能包括了認同接受、建議增減、剪裁編輯或再擴充清楚等，但最終由他們自己決定是否要更改。等決定要出版時，再考慮插畫和設計，最後由孩子自己或義工幫忙打字完成裝訂，完成的作品可做為教室圖書館的藏書供人借閱（圖9-17）。

♥ 圖 9-17　裝訂好的作品

從文學產生的寫作

　　除了一般性的寫作活動，閱讀文學所產生的寫作經驗也極為豐富，對寫作的引導與示範也是文學課程活動的主要內容。

初步寫作

在閱讀和討論文學的過程中，老師的引導會是以故事為依據進行對話、口語詞彙遊戲和反省性寫作，這可能產生出如下的寫作方向：

- 依所見的線索預測下一步會發生什麼？
- 依順序再敘述一遍故事。
- 讀過一個角色後加以描述。
- 問有關故事角色的一些問題。
- 說明為何該角色在故事中會有某種行為表現。
- 寫出兩個角色的異同。
- 描述與書中角色有相同感受的時刻，或所做過同樣的事。
- 說明如果自己是書中角色，在某個情況下會表現如何。
- 說明自己為何比較喜歡某個角色。
- 談談是否喜歡這個故事及其原因。
- 創造另一個類似時、地所發生的故事。

對文學的回應寫作

鼓勵孩子在閱讀文學後寫出心得想法，是很普遍地將讀與寫連結的活動，可讓老師觀察到幼兒的讀寫學習和對文學的反應內涵。從兒童對文學的回應寫作中，大致可歸納出幾種類別（表 9-1）。

由表 9-1 孩子在回應文學時常見的寫作內容類型中，可以看出他們對文學理解與體會的不同程度，以及思考的重點和深度；也顯示他們的觀點、讀寫能力、閱讀行為、可能的局限、對作者技巧和讀寫因素、情節發展和人物刻畫等方面的認識，以及所需要的協助與引導。

表 9-1　文學回應寫作的類別（Handloff & Golden, 1995: 204）

類別	定義	回應寫作實例
解讀（interpretive, I）	推論、預測、連結或解釋作品，如主題、角色、場地或其他文學因素等。	我想馬西可能不會贏得選舉，因為他是個假紳士。 他現在知道朋友很重要了，這個主角很有趣。
讀寫判斷（literacy judgment, LJ）	區分作者和插畫家的風格、文體類別，指出語言的使用、評估文學作品等。	這本書令人覺得恐怖又興奮。 這個插畫很美又和文章配合得很好。 這個幽默的懸疑故事好像在說我的事。
述說（narrative, N）	重述故事，陳列作品觀點、主角名字、故事重點等。	我正在讀《秘密花園》，這是有關一個十歲孩子馬丁搬家的故事。
個人的（personal, P）	陳述讀時的感覺，希望讀什麼書及個人的興趣。	很高興這些孩子能及時逃出屋子，我懷疑再來會發生什麼？我下一本要讀這本書的續集。
個人相關（personal associational, PA）	推論到與生活相關，設身處地的感覺和反應。	我很像傑生，因為我也不喜歡數學；我也有一個很討厭的弟弟，如果我是珍妮，我會很害怕。
預定的（prescriptive, PR）	陳述有關角色應該做或已經做的事。	他的父母應該讓他選擇自己的朋友。
其他（miscellaneous, M）	較無關緊要的事，例如在讀的頁數。	我讀到六十七頁，我看了電影。

從文學延伸的寫作

有些老師在說故事時會請幼兒預測「你想再來會怎樣？」，無字圖畫書更是能讓幼兒說出或寫出故事內容的絕佳材料。老師還可讓幼兒詮釋插畫家、作家或故事的主題，並允許他們用寫、說或畫的方式來表現；或鼓勵幼兒與人合作製作簡單的注音書、數字書或故事書，從中體會寫書、發現問題和修改的過程，並建立寫作意識。較大兒童會經由寫短詞、短句，逐漸寫成一個

完整的「故事」，了解如何為讀者組織訊息和呈現完整的事實。有些孩子在讀過故事後，產生了模仿的寫作（谷瑞勉譯，2001），或想創新一個類似的故事；也有的想寫一個不一樣的結局，或改變一些故事的發展或情節。在老師的鼓勵下，曾有一個班級的幼兒模仿《逃家小兔》的重複情節：小兔媽媽說「你如果變成什麼，我就變成什麼」……，分組合作寫出多變的想法和句子，編成一本《逃家小兔Ⅱ》的書，內容反映出幼兒豐富生動的創意心思與活潑可愛的文圖特色（圖 9-18-1～圖 9-18-3）。在大人與同儕的合作協助之下，寫作變得更容易也更有趣。

♥ 圖 9-18-1　逃家小兔Ⅱ的封面

♥圖 9-18-2　逃家小兔Ⅱ故事內容(一)

「如果你變成電視的線。」小兔說：「我要變成一個小男孩，跑的遠遠的。」「如果你變成一個小男孩跑走了，」媽媽說：「我就變成大象，用長長的鼻子把你捲回來。」

♥圖 9-18-3　逃家小兔Ⅱ故事內容(二)

「如果你變成一棵大樹，」小兔說：「我就變成風，吹的遠遠的。」「如果你變成風，」媽媽說：「我就變成跑得很快的鴕鳥，去把你追回來。」

在這樣有意義的寫作過程中，孩子發現了清楚表達想法的重要性；至於寫作的技巧知識，像是字句運用、文法句型等，也就在寫作過程中逐漸獲得。兒童也了解作品是要被人閱讀的，因而樂於參與出版的過程，這也拉近了與文學和作者的感情；完成後的意見交換，更強化了寫作的意義。總之，一開始是文學引導著閱讀，而後來的寫作則讓兒童實際體會了讀寫。

深入的回應

為鼓勵較大兒童對文學的回應寫作，老師還可以引導他們進行更深入的活動（Cullinan, 1992），像是：

- 對風格的回應：可引導孩子注意作者對主題、類別和語言的選擇，如單一主題、不同作者或同一作者的不同類型寫作等（可畫出比較圖）。孩子也會透過欣賞和寫作，逐漸表現自己的風格。

- 對角色的回應：可引導孩子注意角色特性、行動細節及解決等做為寫作的依據。例如以圖表畫出故事發生的順序、針對角色之特性寫作、為故事發展畫圖表，或畫出故事中的衝突和解決……等。

- 對結構的回應：了解故事的情節結構，有助於預測故事事件、探索事實之間的關係，以及與自己的經驗做連結。較大兒童閱讀後與老師一起畫「故事圖」有助於發展對情節的了解，會發現一再出現的故事模式，注意到關鍵事件與故事型態（圖9-19）。畫「多功能圖」（versatile charts）是先將已知訊息寫入圖表，再依書中新知歸納出對照的訊息，或組織經驗與書中內容做對照。至於畫「比較訊息圖」則是在讀訊息類圖書時，畫出比較資料的組織方式（圖9-20）。

♥ 圖 9-19　幼兒畫「故事圖」

♥ 圖 9-20　師生共同討論畫出「比較訊息圖」

● 團體回應：是團體活動但也允許個別反應，像是表達個人對一本書的喜好，在以笑臉或哭臉表示的學習單上畫出喜好的位置；或票選最喜歡的書，以排隊、投票或其他創意方式來表示支持（圖 9-21-1～圖 9-21-2）。閱讀後寫下發現和意見，或師生合作完成「分享寫作」再回顧原書，更能體會寫作的問題與意義。

♥ 圖 9-21-1　以螞蟻圖代表幼兒票選最喜歡的書和意見

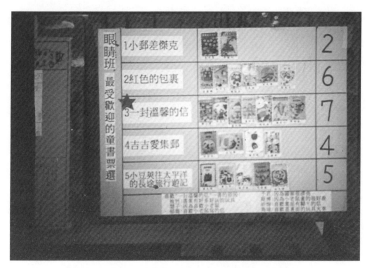

♥ 圖 9-21-2　用郵票數量選出喜歡的圖書

寫作活動案例

　　以下例子是在一個一年級班上，以「春天」為主題，在八天的課程活動中，運用各種寫作活動來學習的情形：

第一天：近身觀察：帶孩子繞校園一周，用各種知覺體會春天的氣氛，回到教室討論他們的感覺並記錄下來，接著閱讀有關春天的書。

第二天：討論孩子在社區散步時看到的春天景象，記在日誌中。

第三天：讓孩子在黑板寫下有關春天的詞彙網，融合書中內容，用「春天是……」的句子開頭寫日誌。

第四天：以圖畫表達對春天的感覺，畫出「春天是什麼」。

第五天：參考閱讀圖畫書的內容，以「春天可以做的事」為主題，在黑板列出詞句或短文。

第六天：自由寫作：依前面日誌中的觀察，或模仿所閱讀圖書的內容，寫一個春天的故事或小書。

第七天：用圖畫表現故事的內容與情節。

第八天：請志願者將自己的作品讀給大家聽，並分享故事和插畫。

主題研究與織網

10

幼兒藉文學學習聽、說、讀、寫，參與許多回應活動，也學習到各課程領域的內容（方淑貞，2003），他們的各種學習活動都建立在語文的基礎上，或透過文學來進行，無論是數、社會、健康、音律或自然……。「語文跨課程」是一種統整取向的教學，從文學出發，由讀寫討論中產生，或由師生共同探究、連結各課程領域，開展學習主題的多元活動。這種課程有不同的名稱：主題研究（theme study）、主題圈（theme circles）、主題單元（thematic units）、統整課程（integrated curriculum）、跨課程（cross-curriculum）、主題教學（thematic teaching）等，皆是環繞著一個有意義的主題進行統整的教學；事前不必刻意計畫，而是像漣漪一樣自然延伸，擴充到各課程領域的學習經驗中。

主題研究

每個主題因延續或奠基於前一個學習的基礎，會發展出新的局面，有新的土地可以耕耘。主題研究對教育者的哲學和學習者的態度有很大的影響，基於理念、教育背景、專業與應用階段的不同，每個人對「主題」的定義也不一樣。傳統的「主題單元」與「主題研究」有下列的不同（Altwerger & Flo-

res, 1991）（表 10-1）。

表 10-1　主題單元與主題研究之不同

主題單元	主題研究
老師主導、預定好的	兒童中心、可商量的
老師負責所有計畫、組織活動及收集材料	師生雙方共同負責
老師決定學習目標	建立在幼兒先前具有的知識及想發掘的問題上
本身為學習讀寫的工具	以讀寫為學習的工具
只以活動為主	活動之外還包括學習、批判思考和問題解決

實施主題研究

主題研究很適合幼兒的學習並能達成其學習的目的，因其具有下列特質（Altwerger & Flores, 1991; Strube, 1993）：

- 從做中學：有目的的學習才有意義，與生活有關的活動才能使幼兒感興趣；主題研究可使幼兒積極投入學習，不斷的建構、統整，從中學到創造力和知識。
- 從同儕互動中學習：主題研究有機會讓幼兒合作貢獻不同的觀點，學習社會技巧。
- 學習本身即動力之源：幼兒如有機會選擇會較有學習動機，有了自由選擇就會有自律的責任；成功經驗會帶來信心，不需要外在的獎勵。
- 符合個別需求：主題研究讓老師有機會了解每個幼兒的能力和需要，進行個別化輔導，也能養成自尊自重。
- 發現關係：主題研究讓幼兒對照已知和新知，串連起各種知識之間的

關係，促進知能成長，也更了解世界。

- 終身學習：主題研究通常來自於自然、書本、人類等資源，讓幼兒體會到學習是有趣和有意義的。他們要負起學習之責，與同儕合作，在教室鑽研、回家持續進行，成為終生的學習者……；例如為了照顧一隻校園受傷的鳥，必須不斷求知和解決新問題即是。

實施原則

進行主題研究可參考如下的步驟與原則：

選擇主題

老師只要注意觀察就不難發現孩子的興趣所在，他們每天都在口頭分享與文學或生活有關的興趣。但找尋主題也要考慮是否夠廣泛，讓每個人都有興趣投入？學習是否有成功的機會？幼兒有選擇才會願意從事，讓每人樂於負起學習的責任，將能促進其動機。

尋找資源

在計畫階段，學習資源的品質、數量和易於接近很重要，當孩子選擇想研究的問題時，老師需熟悉其資源，並考慮使用的方便性。主要的資源包括：文字材料：像雜誌、圖書；非文字材料：像錄音帶、錄影帶、投影片等；以及人類資源：像專家、幼兒家長、具特殊興趣或專長的社區人士等。

組織可能性

先和孩子大致討論出一個探究的主題網或大綱，看有哪些活動具體可行；這個主題網只是讓老師知道大約如何準備、有多少時間可運用，再由實際的進行情形來決定增減。可以訂定期望和學習的目標，像是培養信心、思考力和問題解決能力等，進行時則沒有時間的限制。

引發學習動機

其方法包括：(1) 適時的提醒：可由老師提到某個故事主題中的趣味而引發，但並非每次都由老師選擇主題，而是逐漸形成一個分享的團體，興趣可以師生共同決定；(2) 有意義的提問：當老師的提問能引發興趣吸引幼兒，促進幼兒思考和尋找答案時，他們就會開始積極進行探究；(3) 好奇探索：幼兒的好奇，帶來發現問題和解決探究的行動，會更積極去搜尋圖書或相關資料。老師是學習動機的「催化者」，要從旁積極促進。

腦力激盪

幼兒找到資源、形成問題後，就開始了一個主題研究的探討，此時用「主題網」逐漸記下師生的討論及想知道和不知道的部分；將這些問題分類釐清，就形成了後續研究的方向。

解決問題

很多活動是隱藏在陸續發現的問題之中，也在探究這些問題的過程中發展課程；因此，如果計畫周全，將能強化幼兒很多的技巧、概念與了解，也會與聽說讀寫、觀察與演出相結合。可能有的內容包括：(1) 以不同方式完成主題方案，像是做一個整體的展示、寫一本學習的書，以及展示作品或演出戲劇讓大家觀賞；(2)文學融入的過程會有許多的讀寫活動和紀錄資料；(3) 寫作日誌或記錄經驗、思考和發現，從中解決問題。從這些活動體驗中，「孩子是產生自己知識的工具」（Atwell, 1990）。

至於指導幼兒進行主題研究的方式則大約包括了：大團體指導、小團體教學、同質性與異質性分組、合作學習、成對學習、個別模式、彈性分組等（Savage, 1994），與一般開放的教育無異，老師可視需要而靈活運用。

主題研究的組織

　　師生一起討論文學、找尋連結關係，做了初步計畫之後，接下來組織主題研究的方法是無限多的，如社會研究、文學形式探討、作者作品研究……等皆可做為組織的依據。但因文本的特性不同，也會有較偏向組織某類型活動之可能，例如「詩」較會導引出口頭閱讀活動，「民間故事」則較適合戲劇演出等。

　　「單元」是用於形成學習經驗的一種方法（Sloan, 1991），提供一個組織藍圖，藉由探討書群中的內容和關聯，選出值得思考、討論和學習的範圍，也統整各領域的課程活動，或參考某類別、主題或文學特性而發展。「焦點單元」（focus unit）是將一連串的語文經驗，環繞著一個中心點（如語文主題、類別、作家或插畫家等）的組織來統整活動（Moss, 1995）。整個文學課程是包含了一系列焦點單元的活動，將主題設計成累積的經驗，藉不斷閱讀彼此連結，協助幼兒學習廣泛的知識與概念。在焦點單元中，孩子被邀請來「經歷」（live through）所讀的文學，並分享、延伸、修正、建構他們的想法，這即是活動的核心（Harste et al., 1988）。

以文學統整課程

　　在師生一開始所討論出的主題網中，除了包含與文學直接相關的讀、寫、討論活動之外，其他課程領域也在有意義和目的的發展下自然產生，如數學、社會、音樂、健康、科學……等。幼兒能以各種溝通方式（如語言、藝術、音樂、戲劇等）從不同角度接收學習和傳達回應，這是統整的部分（Harste et al., 1984）。這種融合統整的取向（interdisciplinary approach）能讓孩子很自然地學習知識和解決問題，其領域包括了：

藝術

圖畫書是最好的藝術啟發，兒童除了模仿，更可被引導欣賞藝術、鼓勵創作表現，或學習藝術技巧。例如可運用書中插圖進行各種媒材創作、風格欣賞或藝術試驗等，內容非常豐富，做法也有無限可能。

音樂

有些文學原本就是兒歌的形式，也有些兒歌、童詩被編成有簡單旋律和節奏的歌曲。放大展示讓幼兒同時看到歌詞和聽到歌聲，將歌詞存在檔案夾內，有聲材料放在音樂角，供幼兒隨時學唱歌曲或欣賞、創作。

數學

不少圖畫書用清楚易懂的方式為幼兒說明數觀念，像數字、時間、衡量等，例如《好餓的毛毛蟲》就有時間運轉的觀念。幼兒可將時間概念融入自創的故事，或藉票選好書來運用數字和畫表等，以實際學習數學。

科學

科學的學習目的在發問、探討、實驗和解決問題，可教導幼兒耐心、堅持、探索和尊重證據（Holt, Ives, Levedi, & von Hippel, 1983）。有關科學主題的文學可教導幼兒基本的科學觀念，也可擴展出種植、觀察、測量、描畫、記錄等活動。

社會

有關社會領域的文學範圍很廣，有些是對自己、家庭和社區的認識，或有關日常生活、自理能力的探討。其中「感情和感覺」的主題能幫幼兒了解自己；「情緒」的主題有助於了解角色和感受，例如恐懼憤怒、人際與家庭關係、同理心、不同文化等的認識和負面情緒的克服等。這類主題所引出的活動能讓幼兒多認識自己、尊重差異、看重人我和接納不同（Bishop, 1987）。

近年幼兒文學質與量的擴充，提供老師許多選擇應用的機會。好的文學

是統整課程的最佳媒介，幼兒除了從中學習讀寫、探究主題，也學到豐富的知識和發掘新知的能力（Slaughter, 1993），更體會到統整課程的意義和樂趣。

主題概念的形成

兒童對「主題」的意識如何形成，要看他對文學內容的了解體會、比較歸納和分析推類；他們所體會意識到的主題是主題研究的基礎，也是課程探究和活動發展的核心；例如《媽媽的紅沙發》一書，幼兒能體會到的主題意識可能是：要愛媽媽、送禮物給媽媽、幫媽媽做事、存錢儲蓄、火災的可怕……等；較大兒童則可能看到了親情、單親家庭、社區精神……等，會因年齡成長與經驗發展而有不同體會，因而開展不同層次的主題研究。老師可藉由提問討論，激發孩子對故事主題的了解（Lehr, 1991），例如：

- 這故事跟其他你所知道的相關故事有一樣的地方嗎？
- 你喜歡這個故事嗎，為什麼？
- 你認為這個故事裡發生的哪些事情最重要？
- 這故事主要的意思或想法是什麼？
- 你認為這故事是關於什麼？

幼兒回答這些問題時，表現出對文本內容的理解；發問可以激發他的思考、逐漸釐清主題和重點，而形成接下來可以深入探究的範圍。

編織概念和課程主題網

「網」是圖像化了的文本，代表故事重點的意義，可進而提供活動的發展。建立主題網的「**織網**」（webbing）過程，是一個建構意義的經歷，能鼓勵幼兒的擴散性思考、促進其洞察力和意見的分享（Bromley, 1995; Norton, 1992）。主題網可以具體說明課程領域的統整情形，呈現了想法和支持的訊息，展示重要的因素和教學方法，也能幫助兒童建立概念，是師生共構想法

和學習步驟的紀錄。

在考慮過幼兒興趣、圖書是否易於獲得及能否促進回應等問題後，由老師帶領幼兒腦力激盪，共同畫出一個同感興趣、想研究的核心主題，及環繞此核心主題的次主題的「主題網」；也就是將大、小主題之間，依照關係層次做視覺的陳列（Bromley, 1991）。織網時，老師可在大海報紙上邊討論邊畫出想法和細節，核心主題用一種顏色或形狀的框架標示，環繞的小標題或想法用另一種顏色或形狀的框架標示，層層向外代表區別大類目和支持此類目的小細節。老師織網時可示範「放聲思考」，讓孩子聽到考慮和反應的細節，而學習整理和組織。

另外，在介紹或閱讀文學的各階段過程中，也都可依需要和目的編織各種網：在讀之前織網，是為了預測文意、介紹場景角色和引出興趣；在讀之中織網有助於深入討論、澄清誤解；在讀之後織網則是為了歸納結論、分類事件關係和延伸反應（Bromley, 1995）。老師在不同目的的織網過程中會不斷促進兒童的興趣和了解，兒童也能分享和欣賞別人的想法和深入了解文學。

織網的類型

編織主題網可彰顯活動的計畫和發展，用來組織和呈現不同學習和教學目的的各種網，均有助於理解文學的內容和表達反應（林敏宜，2000）；歸納有下列幾種主要類型：

1. **課程網**：表現課程領域或內容主題大綱（圖 10-1）。

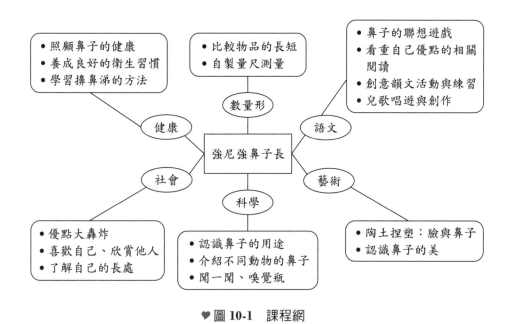

♥ 圖 10-1　課程網

2. **順序網**：呈現故事內容或事件的發生順序（圖 10-2）。

♥ 圖 10-2　順序網

3. 主題網：陳列書中所傳達的主旨和意義（圖 10-3）。

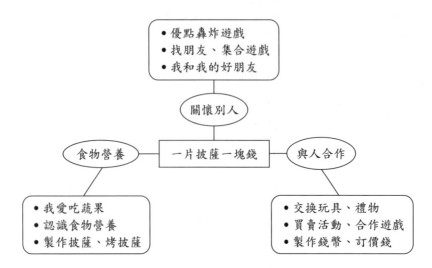

- 優點轟炸遊戲
- 找朋友、集合遊戲
- 我和我的好朋友

關懷別人

食物營養 ── 一片披薩一塊錢 ── 與人合作

- 我愛吃蔬果
- 認識食物營養
- 製作披薩、烤披薩

- 交換玩具、禮物
- 買賣活動、合作遊戲
- 製作錢幣、訂價錢

♥ 圖 10-3　主題網

4. 比較網：將不同的內容情節做對照比較（圖 10-4）。

哈利的家

城市			鄉村
忙碌緊張	生活	悠閒輕鬆	
熱鬧、繽紛	夜晚	寧靜、昏暗	
高樓大廈	建築	磚瓦平房	
建築物、車水馬龍	景物	樹木、花草、動物	
快	節奏	慢	
冷漠	人際	溫馨、熱情	
污濁	空氣	清新	

♥ 圖 10-4　比較網

5. **文學因素網**：分析主題、角色、情節、風格等文學因素（圖 10-5）。

6. **作品網**：呈現相關主題的作品（圖 10-6）。

♥ 圖 10-5　文學因素網

♥ 圖 10-6　相關作品網

其他還有像是將故事情節重點扼要呈現的「**情節網**」、介紹故事新詞彙的「**語詞網**」、比較文學角色之間各種關係的「**角色網**」、分析寫作觀點和故事意象的「**觀點網**」，或先以想法織網，再據以完成寫作細節的「**寫作網**」等。老師也可以給孩子一張完成了部分的網，鼓勵他們再補上個人或小組討論的結果；也可鼓勵孩子創造個人想法的網，或由小組共同織網。

主題研究案例

一位幼教老師以《好想見到你》為主題和幼兒一起設計一系列的活動，並將原先計畫好的活動（圖 10-7）和後來實際進行的活動內容（圖 10-8）都做了紀錄，呈現出計畫和實際進行活動之間的差異，反應了老師考量，並接納幼兒的興趣、能力而改變原本課程規劃的情形。

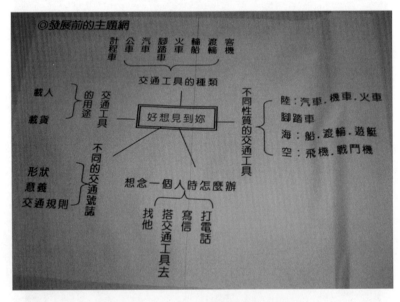

♥ 圖 10-7　預先計畫好的課程主題網

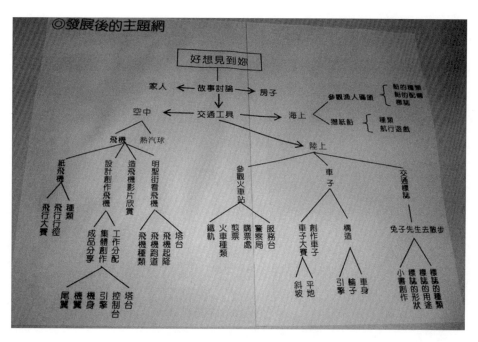

♥ 圖 10-8　課程發展後的主題網

CHAPTER 11

文學中的藝術

　　幼兒文學主要型態之一的圖畫書，通常包含了各種藝術形式，不僅在符號與文字的節奏中表達故事的內容，也從其圖畫、色彩、情境和組合中帶來不同的驚奇；其中豐富的意象不只具有意義的啟發，還帶來更多視覺、觸覺等的感官刺激，能滿足幼兒的心靈需求、幻想空間及情感的依附。圖畫書中的插畫是畫家將美感的特質，結合「美術設計」的傳達原理，配合文本內容所製作的「有目的的繪畫」；在角色造型、構想、色彩運用、情境內容和教育美學上用心考量，使成為「引領幼兒進入美術世界的第一扇門」，且是「永不關門的美術館」，其潛移默化使幼兒能成為「文化公民」（蘇振明，2002）。

　　但有人認為圖畫書只是一種視覺藝術的形式，文學應以文字為主（Marantz, 1983）；也有人認為圖畫書應以圖畫為主，文字只是補助的角色。插畫家Cooney（1988）曾將圖畫書比喻成一串珍珠項練，珍珠代表插畫，線則代表了文本內容；線本身並不漂亮，但若沒有了線，珍珠也不會成為一串項練；她的比喻說明了圖畫書中圖文互依的藝術特性。圖畫書是一種視覺藝術的形式，須看重其視覺—口語本質（visual-verbal entity）的特性，其潛在價值才會被了解。視覺藝術和口語藝術的形式不同，雖然兩者都能表達和描述，但當口語無法充分發揮陳述的功能時，視覺意象就最能補充說明（Gombrich,

1982）。藝術家想要溝通的景象有時是語言所不能適當表達的（Langer, 1953），而幼兒在還無法完全掌握閱讀和文字的意義之前，圖畫影像能呈現豐富的內涵，這也是更容易被他們接受和了解的方式（郝廣才，2006；彭懿，2006）。

圖畫書做為文學和視覺藝術的結合，具有下列的特質（徐素霞，2002）：

自給自足的圖像角色

圖畫書的內容有時是文字難以詮釋或表達的，需靠圖像來顯現；圖畫書的插畫也不像單幅插畫那麼簡略，而是將視覺藝術擴大完整的表達，讓幼兒直接感受。

融合各種藝術的表現形式

插畫家的風格特質不同，細膩或粗獷手法各異，多具有敏銳的觀察力和感受性；他們仔細咀嚼文本內容，再將自己的藝術融入其中，融合各種藝術的表現形式，將抽象思維轉化為視覺世界。

圖像語言的傳達性

插畫創作建立在文字和故事情節的基礎上，形式多樣，所用的媒材與工具較純藝術更複雜。圖畫因其本身色彩、造型等的變化特性，在圖像語言和感性思維的傳達中有其特殊的地位。

連結各領域於藝術世界

圖畫書的題材廣闊，經過巧妙的設計，讓數學、科學、認知、社會、生活各領域都能藝術性地轉換，使其內容的呈現不再艱深困難，而容易為孩子所接受；這種結合下的藝術表現也更豐富多元。

認識插畫的風格與特色

為使教學更生動、有趣，也提升兒童的學習樂趣與想像力，近年來老師

多運用涵蓋豐富藝術內涵的圖畫書；尤其對大多數的學齡前幼兒而言，使用視覺與圖像語言來達到對世界的探索或理解是最直接的方式（羅雅芬等譯，2003）。一般人已能理解閱讀文學可以增強讀寫能力、充實相關概念，也知道圖畫能刺激口說語言，但對於幼兒如何從插畫中學習、圖畫如何幫幼兒了解故事結構和使用語彙、如何影響智力和情感發展等方面卻了解不多；課程運用也較少在圖畫上著力，有人甚至認為插畫喧賓奪主會妨礙孩子閱讀。

當我們閱讀文學時，會逐漸體會作者的讀寫選擇，而在看圖畫時，也會想了解畫家如何選擇藝術形式、組合原則和設計因素來傳達意義（宋珮譯，2006；徐素霞，2002；鄭明進等，1996）。透過圖畫書引導，可幫助幼兒將書中圖像轉化為更具體的想法；但藝術教學並不只是強調仿畫或描繪得像或不像而已，而是要把看到的轉變為視覺的圖像和符號呈現，進而鼓勵文學欣賞和藝術創作。教育者已漸能從視覺角度來看圖畫書，強調學習的「視覺讀寫能力」（visual literacy）（Kiefer, 1995b），認為兒童在讀圖畫書時，也要能分辨、理解和賞讀圖像的藝術。

插畫是以具體的形象把思想感情視覺化，其作用在闡釋主題、例證文字、增進閱讀效果；其配置不僅能輔助文字傳達，更能增強主題內容（蘇振明，1998）。所謂「一幅畫勝過千言萬語」，也就是插畫的獨特功能；而「風格」是插畫家選擇各種元素，用在特別的審美形式中傳達意義的結果（Kiefer, 1995b），能支持和延伸文本，提供讀者解讀。近年圖畫故事書的插畫創作非常精彩，風格相貌多樣，可歸納出主要幾種（幸佳慧，2000）：

- 具象寫實的（representational, realistic）：能準確表現人、事、物的樣子，重現真實、客觀的景象。這種技巧在形影等各方面都符合人類視覺的合理性，創意則表現在寫實風格背後的構圖及文圖搭配的巧思中，如《聽那鯨魚在唱歌》。
- 印象主義的（impressionism）：打破傳統固有對色彩的觀念，追求光影變化中所表現的整體氣氛，憑個人的觀察營造視覺印象，較不在意事物形體的輪廓，如《和小蓮一起遊莫內花園》、《培培點燈》等。

- 表現主義的（expressionism）：認為眼睛所看到自然的外型或印象是次要的，畫家個人的精神才重要，因此追求畫家主觀的表現，摒棄自然客觀的再現，或打破時空限制，隨畫家主導產生新意象，如《煙霧瀰漫的夜晚》等。
- 樸素的、民俗的（naïve, folk）：有創作的熱情和樸素的生活背景，在畫中表現出強烈活潑的生命力與執著的信念，是生活中實用或娛樂的應用藝術，如《媽媽的紅沙發》、《Tar beach》等。
- 超現實主義的（surrealism）：把不協調的現實打破，再重現更密接、調和的現實；故事和繪畫超越現實世界，讓讀者夢幻地體會「超現實」文、圖的雙重經驗，如《瘋狂星期二》、《豬頭三兄弟》等。
- 拼貼的（collage）：選擇或刻意搭配各種材料，考量紙張肌理的質感、差異、透明性和立體次元等問題，建構出具立體層次感的作品，如《我絕對絕對不吃番茄》、《田鼠阿佛》等。
- 卡通的（cartoon style）：簡單但常是非真實的，用於諷刺、幽默的創作目的，通常是以滑稽或誇張手法畫出，如《巴警官與狗利亞》、《鴨子騎車記》等。

在圖像的包裝經營下，不同風格的圖畫書除了提供讀者知性的訊息，還散發濃厚的藝術韻味，帶領讀者一步步穿越真與美的境地。

幼兒的藝術欣賞

很小的幼兒在看書時，就很會欣賞圖畫，盯著細節仔細翻看每一頁，似乎在和插畫者共享秘密。一般而言，幼兒喜歡具體、真實和彩色豐富的作品，對抽象的則較難接受（Smerdon, 1976）；有時看不懂也會引發討論和深入了解的興趣，而產生更深廣的藝術經驗。幼兒對風格品質的注意有時很特殊，會因印刷字體不同而認為兩本同一作者的書風格不同；他們可能不了解繪畫因素，但認識材料的種類：如粉彩紙、紙雕、蠟筆……，對畫面也會說出粗

糙或平滑的感覺、顏色的明暗等。因廣泛接觸而漸能對藝術相關因素有所了解，像是對畫家所用的媒材有所認識，例如知道是「粉蠟筆」畫的；對美術因素如線條、形狀、顏色、紙張等的了解也漸增，會討論媒材的運用及其所引起的情感反應。他們從圖畫藝術中學習發展，不只是在認知方面，也包括情意方面。

幼兒對插畫藝術的欣賞與回應，在口頭上會表現出如表 11-1 的幾種功能與特性（Kiefer, 1993）。

幼兒對插畫很感興趣，想知道圖像所用的畫材和畫法，並設法從細節中深入了解故事內容。孩子將逐漸了解插畫的視覺藝術是在增加故事的劇情，幫助他們更了解和喜愛文學；因此，老師應帶領他們進入這個藝術的世界，而不只是教導書中知識而已。

插畫的欣賞教學

孩子對美的領受可說是渾然天成，但老師還是要強化自己對圖畫藝術的理解，才能在帶領時看到書中的藝術價值和孩子的感受，幫助他們擴充審美的知能。老師如能先親自體會插畫家的風格，就不難發現其藝術品質是如何深深地感動我們；有人會認為像《在那遙遠的地方》這種書的插畫藝術太不尋常和深奧，可能不易吸引幼兒，但其實卻是具有豐富視覺意義、令幼兒深深喜愛的一本書。

老師可先建立一個包含各類圖畫書的教室圖書館，與美術老師合作，幫助培養幼兒的美感知覺和對各種藝術形式的了解。孩子參與在圖畫藝術中時，可先觀察他們對圖畫的想法和了解圖畫如何影響他們的審美；平時多介紹插畫家的藝術表現和創作過程，或把握機會帶幼兒去參觀插畫展覽（如幾米、艾瑞卡爾的作品等）。老師也要鼓勵孩子欣賞、比較，等他們閱讀和了解更多的插畫之後，欣賞能力逐漸提升，就不再只是表面的觀賞和認識而已。例如老師開始先介紹一本艾瑞卡爾的圖畫故事書，幼兒可能只有泛泛之感，再

表 11-1　兒童對圖畫書插畫口頭回應的功能與特性（Kiefer, 1993: 272-273）

基本功能	類目	例子
訊息性的：提供訊息、指出或說明	報告插畫的內容	巫婆在那裡。
	提供美術形式或技巧訊息	他用咖啡色畫畫。
	描寫或述說所畫的事件	你看他們在那裡睡覺，巫婆走了，她對他們說話。
	將插畫內容和真實世界的事物做比較	這看起來像木頭。
	將一本書和另一本做比較	這書很像……
啟發性的：問題解決功能，包括提出懷疑和解決	懷疑事件或插畫內容	難道他們不能賣東西來買食物嗎？
	對事件、場景或角色的動機和行動做推論	這看起來很深。 她看起來很生氣的樣子。
	推論因果和可能的結論	如果他們掉在樹枝上，一定會覺得很痛。
	推論插畫家所為	看來像是他用很細的鉛筆畫的速寫。
	推論插畫家的意圖	他喜歡用較暗的顏色。
想像性的：記憶、創造或參與想像世界	進入故事世界成為角色或旁觀者	這爸爸好像在說，為什麼我們要離開他們，而她只是笑笑。
	創造形容修飾的語言	這些樹葉看起來像熱帶鳥。
	描述心理的想像	這看起來跟我想的不一樣。
個人性的：連結個人經驗、報告感情、陳述意見	與事件、場地、角色做連結	那裡要是有蛇，是我就不會爬上去。 她在生氣了，我媽也會這樣。
	表達感覺或描述藝術因素對個人的影響	黑色給人可怕的感覺，也讓我覺得悲傷。
	表達意見或評估插畫	這張圖看起來不太好，他只是重複用橘色和灰色在畫。

介紹另一本時，會有似曾相識的感覺，等讀到第三本時就更熟識了，且能理解他插畫風格的特性。要養成這樣的反應，是需要長期的培養的（Cianciolo,1992）。

由於插畫所用的媒材廣泛、風格多元，圖畫書也就成為幼兒學習藝術的最佳資源之一，學習活動也可以安排得更豐富深入。例如教導幼兒認識主題內容、媒材技法、特殊風格、表現意義等；也可從插畫家所使用的媒材、技法、造型、色彩、美感、風格等方面，或以藝術批評的方法，來引導他們討論、欣賞或評斷。在欣賞過程中，老師需尊重幼兒的觀點、視圖書性質與幼兒經驗而靈活運用，例如可以進行（陳朝平、黃壬來，1995）：

- 整體分析：先做整體欣賞，然後分析描述。
- 提示：由教師提示觀賞重點，以協助感受體會。
- 自評：由幼兒自己欣賞，然後說明心得。
- 討論：讓幼兒自由發表意見，相互了解對藝術的看法。
- 比較：將不同的風格作品或和自然景物做比較。
- 美學系統：應用美學或藝術創作理論，以系統主題和相關系列作品，幫助兒童欣賞與了解藝術品質，例如空間的表現、對稱和均衡等。

插畫的創作延伸

從圖畫書出發的藝術欣賞教學及所產生的藝術創作經驗，有助於兒童審美能力的增進，近年已漸為各年齡層兒童的藝術課程所採納（如沈佳蓉，2006；張秀娟，2004；鄭淑芬，2003）。這些都是以圖畫故事書作為藝術欣賞的教學依據，除了幫助幼兒了解插畫、提升藝術品味、增加創作能力，也拉近與文學的距離。

當老師和孩子一起欣賞、體會插畫藝術時，孩子也會主動想有所表達；如能運用插畫家所用的材料和技巧來實驗創作，將更有助於了解故事的表達形式。因此，老師不應只是例行的要孩子畫出書中最喜歡的部分來回應，而

是要鼓勵他們探索、進行藝術創作方案（Frohardt, 1999）。老師可在圖書區準備一個角落，或與美勞角結合；供應不同的藝術媒材，讓幼兒試驗進行創造性活動。老師可以邀請孩子：「如果想像李歐李奧尼那樣當一位拼貼藝術家，歡迎到美勞角來實驗！」幼兒在此可以選擇喜歡的材料，模仿插畫家或創作自己的故事或藝術作品（圖 11-1-1～圖 11-1-2）。當幼兒明白自己的畫作有意義，或能與故事創作結合時，將會對插畫藝術更感興趣；老師也可協助他們展示作品，讓角落和教室充滿文學與藝術氣息。

♥ 圖 11-1-1　創作故事（附彩圖）

♥圖 11-1-2　創作藝術作品

　　Doonan 曾舉出運用圖畫書增進孩子藝術鑑賞能力的方法（宋珮譯，2006），並設計出數個適合不同能力兒童學習的課程階段，可將之調整運用於幼兒身上：

- 欣賞圖畫書。
- 了解圖畫書的符號系統。
- 學習正確的藝術術語。
- 探索線條、色彩及其象徵性。
- 探索物件、空間物件及視點。
- 為圖畫加上文字。
- 閱讀關於圖畫書的說明。

　　Doonan 認為幼兒的藝術創造一開始是計畫視覺呈現的型態，接下來是擴充想法或與人分享，最後是持續修正和解決問題。這種活動鼓勵兒童以視覺思考擴充其想像，並將藝術材料轉入想法、意象和感受中去表現；因此可介紹藝術因素和新型態、教導觀察不同的藝術風格、培養兒童敏感度和進行選

擇與實驗。其他藝術引導的內容還包括：

藝術因素分析

老師可鼓勵兒童注意插畫媒材，觀察和探索插畫的線條、形狀、紋理、顏色和型態等，做為藝術活動之起點；多嘗試實驗，而不是完全地模仿。

- 線條：例如直的、彎曲的、蜿蜒曲折的；不同方向如水平的、垂直的、對角線；深度不同，厚、薄、長、短的用線方式；表現方向、動作、心情的變化，如《天空在腳下》、《野馬之歌》等。
- 形狀：看插畫者如何創造形狀、形成圖畫，如《為什麼蚊子老在人的耳邊嗡嗡叫》、《好安靜的蟋蟀》等。
- 紋理：看插畫者如何創作及運用不同材料、結構、重複線條和形狀創造等技巧，如《雪花人》、《野獸國》等。
- 顏色：用於創造情緒或表達感覺，以冷、暖、混合色來完成故事，或表現顏色的層次，如《七隻瞎老鼠》、《狼婆婆》等。
- 型態：不只有向度、影子、光線的描繪，還創造出三度空間；形體可能是不規則、彎曲、幾何形狀或機械的，如《豬頭三兄弟》、《野蠻遊戲》等。

另外，也可引導幼兒了解藝術家在創作時的設計原則，所考慮的重要因素如和諧、不同與對比、動態、平衡和凸顯等，來呈現作品特色，這些都可適時引導兒童去注意和欣賞（Frohardt, 1999）。

藝術表現媒材

種類繁多，僅以下列幾項舉例說明：

- 故事圖：讓兒童以圖表示故事情節來創作或回應故事，如以首先、其次、最後等的關鍵圖說明，較大兒童可畫出較長的順序來完成作品。

- 繪畫：用吹、滴、噴、灑、抹、刮、擦⋯⋯等手法在乾的、濕的、白色或彩色紙上塗畫，創造不同的紋理效果、實驗各種技巧的運用。

- 刮版畫：將黑乾的墨水塗在白紙上，或在紙上一層層的畫上顏色、再刮出下面一層的色彩，如《愛蓋印章的國王》、《看！阿婆畫圖》的版畫等。

- 拼貼：撕、剪不同材料的形狀來創造紋理和畫面，加以混合畫出；像艾瑞卡爾、李歐李奧尼、羅倫柴爾德（Lauren Child）等人的插畫技巧即是。

- 刻印：用較硬的蔬果、木頭或肥皂等材料切刻出形狀、畫上顏色、再重複印出；木刻有如《諾亞方舟》、《小河馬》等。

- 紙工：紙藝、摺紙、剪紙，或剪出重複或對稱之三度空間的藝術表現，如《皇帝與風箏》、《影子》；紙雕藝術如《起床啦！皇帝》、《草鞋墩》等。

- 縫繡：以織、縫或繡布料的方式創造故事場景，如《我的獅子爸爸》、《鞋匠與小精靈》等。

製作圖書

　　一本圖畫書的製作涵蓋廣泛的藝術層面，孩子可以從製作過程中體會到。Aliki所寫的《如何做一本書》探討了書的材料、如何製作及安排，以及其封面、背頁⋯⋯等的設計；市面上也有不少有關繪本製作的書可供參考。老師帶領孩子製作圖書時，可先討論製作的方法和種類，例如特殊的地方可考慮框邊的設計，是為了美感及強化故事主題而建立背景。有些在周邊強調文化特色，如《我們的媽媽在哪裡》、《綠色大傘》等；有的在畫頁四周或下方，顯示故事的次情節，如《阿利的紅斗篷》、《爺爺一定有辦法》等；有的會強調書中記號或圖案的重複設計，如《好忙的蜘蛛》、《小種籽》等；有些會在末頁放地圖或歌譜，如《好想看世界的神聖之地》、《喬瑟夫有件舊外

套》等。另外，像立體書，中文泛指能操作的書，英文則有不同的製作形式且名稱各異：如 Lift-a-Flaps 是將內容貼在立體的背景上；Fold-outs 打開時可看到圖書內容的全景；Pop-ups 打開書時，內容景象和角色會跳出來、呈現立體的三度空間；wheels 是圖畫嵌在書頁內，可旋轉顯示景象的改變；以及 dioramas 像西洋鏡那樣呈現三度空間，如《張開大嘴呱呱呱》、《各種各樣的感覺》等都是具變化趣味的立體書。

　　好的文學插圖對幼兒具有吸引力，他們會很想模仿它或創作自己的成品；老師可激發幼兒的趣味動機，讓他們學習、體會製作圖書的經驗。無論何種形式的圖書或插畫，都可讓兒童嘗試合併寫作和運用藝術技巧來製作；完成的作品可放在教室圖書館做為藏書，供班級兒童閱讀和分享（圖 11-2-1～圖 11-2-2）。

♥圖 11-2-1　模仿艾瑞卡爾的拼貼故事（附彩圖）

♥圖 11-2-2　模仿李歐李奧尼的拼貼故事

　　教師引導孩子透過圖畫書進入藝術天地，藉此感受藝術家用文字及插畫所創造出來的美好世界，這是學習藝術創作和文學欣賞的最佳途徑，也是圖畫書的多元功能之一。小讀者將書中的視覺符號轉化接收，用於澄清思想、促進創造、體會和諧美感，並獲得滿足與自信（胡寶林，1986）；他們在文學藝術的薰陶與教養中品嚐豐盛的饗宴，是學習上不可或缺的一環。

CHAPTER 12

文學與戲劇

　　閱讀文學後，兒童通常會持續討論故事情節與事件，也會藉說話、寫作、藝術、戲劇等活動來反應其經驗想法，透過這些回應形成對故事的詮釋。其中戲劇性反應活動是一種遊戲的形式，師生共同營造一個想像的情境，從中探索文本、創新現場、融入角色、對照經驗，也產生新的了解；在此共同建構的過程中，兒童發展了口語敘述能力和對文學讀寫的了解，也獲得豐富的延伸經驗和理解與洞察（Galda & West, 1995）。

　　幼兒平時即使在簡單的社會戲劇性遊戲中，都會學到述說故事的特點，如「從前、從前……」這種從開始、中間到結束的順序的表示，並能區辨真實世界和戲劇的不同。以戲劇方式回應文學，可以對文學的觀點、角色和情節順序等方面有一般性的了解；在戲劇活動中計畫、回憶、創造發聲（Galda, 1984），也產生許多語言使用的機會，像在計畫演戲時的複雜語言和用在戲劇中的非情境化語言，都有益於語言能力的發展（Pellegrini, 1984）。從文學延伸出的戲劇活動包含了所有人類溝通的模式，兒童在戲劇活動中能獲得表達、組織和以音樂舞蹈等藝術來回應文學、澄清經驗的機會；它鼓勵創造性、促進對話，也強化邏輯思考、計畫和評估。

教室中的戲劇活動

　　戲劇是一種團體藝術，只有在互動中才能產生和創造；團體中每個人都在創新想像、思考和反應。戲劇活動提供孩子有意義的語言發展的機會和練習這些技巧的情境，也讓幼兒有機會討論分享對文學的想法和經驗，形成另一種形式的「讀者社群」（community of readers）（Hepler & Hickman, 1982）。但討論文學和戲劇演出不同，幼兒在討論文學時，常自外於文學世界，不容易真正進入其中；而戲劇卻讓他們和別人一起進入文學世界，在互動中解讀故事。討論時，孩子是退後看發生在別人身上的事，演戲則是自己的每個行動都與戲中角色有關（Edmiston, 1993）。他們可以藉角色的想法來解釋文學中的事件內容，也可創新劇情、轉換入不同時空，發展合作能力和社會技巧，也產生較高動機、較專注的活動和更有效的學習；這種鼓勵表達和實驗取向的特性，奠定了戲劇活動在教室中的重要性（Clipson-Boyles, 1999）。

　　過去戲劇有兩極的觀點：在「教育戲劇」的這一端，認為戲劇是純粹以孩子為中心的自發性實驗活動，不會重複也不需預演，只是讓孩子發展想法、了解自己和真實與想像的世界，所重視的是過程。另一端的「表演戲劇」則認為戲劇是為觀眾做的一種計畫好的、需要預演也重視結果的活動，強調發展劇場技巧，為表達一個最後的結果，以表演藝術為主。其主要差異如表12-1。

表 12-1　兩種戲劇活動的不同

教育戲劇◄──────────────────────────────►表演戲劇
兒童中心、自發的　　　　　　　　　　　觀眾為中心、計畫的
不預演、過程導向　　　　　　　　　　　　要預演、結果導向

其實戲劇的教導並無固定的方式，表演技巧和劇場知識對兒童的學習都有貢獻；文學應用的戲劇不一定是全班性的活動或需要大教室，而是可以有不同的團體組合、演出長度、計畫結果、老師介入和教學型態等。戲劇活動並不只是演出故事，或忠實追隨文學的情節加以表演就好了，而是一種與人類的行為、觀念及潛在想法有關聯的表現活動（Graham & Kelly, 2000）。從文學產生的戲劇活動，不論是老師預先計畫好或兒童主動自發的，都能引導兒童深入文學。戲劇在兒童的學習中扮演三個重要的角色：(1)提供學習、使用和討論語言的架構；(2)在其他課程領域提供語言學習的情境；以及(3)發展溝通表演和批判能力。每一個都包含統整取向的語言學習，將聽、說、讀、寫做了有意義的連結。戲劇活動多半強調閱讀的審美立場，孩子在演戲的互動中，會思考想像世界的事件與行動；而當文學想像被沿用到戲劇中時，他們會做通盤的解讀，也會調適角色扮演的不同立場。

文學戲劇活動的類型

兒童很喜歡戲劇活動，尤其在熟讀文學之後，特別鍾愛以戲劇扮演的方式來表達、反應他們對文學的想法及熱愛，任何有意義的文學也都可用戲劇的方式來探討。但老師不必另外刻意發展複雜的戲劇內涵，只需讓孩子思考書中角色所面對的問題或困境，或從這裡開始和孩子所扮演的角色互動即可。在教室中常見的文學戲劇活動類型大約有下列幾種（Cullinan, 1992）。

創造性戲劇

創造性戲劇是即興的，不需要劇本，或只表演文學中一段重要的劇情而非全部的故事。如果孩子沒經驗，可鼓勵他們選有焦點和明顯主題的場景來決定演出內容，先帶領討論故事和計畫行動，再介入引導。有些從演出啞劇（或雙簧）開始，或由一人唸故事、另一些人表演，或加入對話再演一遍。

老師引導的演出步驟大致是：先選擇一個有許多行動的故事場景→選角色演出→評估（例如何處很有說服力，如何可以更好等）→再演一次（加上當場所創的對話）→再加另一段場景，如此演完一段完整的戲劇。這類創造性戲劇並不是為了表演給觀眾看，而是一種每個人都能參與的合作活動（圖12-1）。

♥圖 12-1　幼兒演出創造性戲劇：「門鈴又響了」

正式戲劇

　　選擇好的文學劇本，一開始從簡單的故事入手，再逐漸演出較複雜的內容；這種演出比較正式，需要劇本、服裝、道具、布景、音樂，也要強調文學的樂趣，而不是死記故事內容或台詞而已。因為將在觀眾面前表演，因此需要預演及導演的指導；表演是主要的考慮，從過程轉向重視結果，但仍可請幼兒參與主導。

讀者劇場

　　前面的章節曾討論過，讀者劇場主要是一種口語解讀的戲劇活動，而不是用動作或手勢來表達。幼兒先熟讀劇本，然後演出不同角色；需注意故事的高潮、轉折點和對照之處，不必熟背內容但須流暢朗讀，也可以深入探查文本、角色和事件，用口語討論，寫劇本反應所讀或記下與觀眾分享的事。另外，像合唱式唸唱（choral speaking）或戲劇性閱讀（dramatic reading）的活動都有近似之處。故事劇場也是從讀者劇場的形式發展出來的，是由小團體兒童用口語敘述和對話的方式來呈現故事，將文學的情節內容逐漸展開。這些活動的目標是讓兒童經由表演完成閱讀歷程、強調統合生活、獲得有用的知識，並進而對這些提出觀點、反省或改變（謝鴻文，2009）。

角色扮演

　　角色扮演是孩子經過討論融入文學角色的生活、個性、聲音和觀點，體會其動機和行動，並以不同方法運用語言；這是戲劇教學的一種主要活動，其方式包括（鄭黛瓊譯，1999）：

- **模擬**：幼兒模擬演出故事中的一段場景，有如在安全的情境中還原一個故事。
- **戲劇遊戲**：由故事引發，讓幼兒以假裝的方式，自發探索其後續的反應和行為（圖 12-2-1～圖 12-2-2）。
- **專家的外衣**（mantle of the expert）：請幼兒仔細來看所處的情況，如扮演消防隊員，透過此經驗並非強調專業知識，而是專注於某個議題的探究。
- **角色劇**（role drama）：在發展的活動中引導幼兒從不同角度探索主題。

♥圖 12-2-1　由「賣帽子」所引發的戲劇遊戲

♥圖 12-2-2　「賣帽子」的戲劇遊戲

書寫故事再演出戲劇

　　這是裴利老師（Paley, 1981）所發明的方法，混合說故事和戲劇兩種活動。先將幼兒所說的故事錄音，由老師寫下讀給全班聽，再由幼兒合作演出這個故事；這能促進孩子的述說技巧，使之更有組織。這種故事的情節多具有某種模式，像是主角遇到困難，設法謀求解決，解決之後新問題又來了……。有學者將此活動修正成「分享的行動」（shared enactment）（Fein, Ar-dila-Rey, & Groth, 2000），就是在自由活動時間，老師在寫作角鼓勵孩子說故事，加以記錄後求證是否是他的意思以及是否需要補充。如果孩子願與全班分享這個故事，就放在教室的一個「故事盒」中，到「分享行動」時間由老師讀給全班聽，或共推演出的角色，另也可視需要增加即興的對話，最後在作者的指揮下演出。

將演出的戲劇寫成故事

　　老師有時從孩子的遊戲中目睹有趣的戲劇情節的萌發，會問他們是否願意演給全班看？如果願意，老師就快速寫下這個故事大綱做為演出的劇本。這讓孩子了解：他們所說出的故事或在玩的遊戲，都可以寫下成為戲劇腳本來演出或與人分享（Vukelich et al., 2002）。戲劇因互動而存在，在戲劇中，幼兒可以用其他方式來轉換感覺和思想，像「角色書寫」（writing in role）就有各種可能（Heathcote, 1984）；例如讓幼兒寫信給《傑克與豌豆》中的巨人或《三隻小豬的真實故事》中的狼律師，記下證人的訪談等都是。角色書寫從戲劇中自然引出，兒童想寫是因為有話要說，也有對象可以回應（Edmiston, Enciso, & King, 1987）。

其他故事戲劇類型（Galda & West, 1995）

- **默劇、啞劇**：用手勢和身體語言表達意義；孩子必須熟悉故事，能了解角色、故事和場景的特點。
- **朗誦**：選擇語言、創意和主題豐富的文學內容，讓幼兒用說、唱、對唱、輪唱……等方式朗讀。
- **重複表演**：演出要熟悉故事要點、加入角色的語言；可以探討順序、因果和其他議題。
- **解讀**：讓孩子以口語閱讀、解讀喜歡的文學部分；聲調、節奏、音量要適合該情節或事件。
- **改編戲劇**：選擇情節緊湊、有衝突對話和有趣角色的文學內容加以改編，如《三個願望》、《明鑼移山》等。
- **即興演出**：幼兒從文學中推展一個場景去討論角色與行動，依故事情節發展或改寫結局；通常很少預先計畫，多是自動對話，不過度講究道具包裝，表演空間也不受限。

戲劇教學的實施

　　引導兒童探討戲劇主題的靈感多來自文學，成功的戲劇活動也大半取決於文學魅力、故事鋪陳的方式及其邏輯性（Winston, 2009），如何利用幼兒文學來開創豐富的戲劇活動？

文學選擇

　　作者完成了文學作品，插畫者也以視覺圖畫創造了事件發生的「場地」，老師則要用這些來為孩子開發戲劇演出的機會。文學要能讓兒童親近接受才

能傳遞觀念和訊息,因此要選擇適合戲劇發展的文學及令人喜歡的故事!戲劇性則是決定文學能否被選擇演出的主要條件,其關鍵要素包括動作(以動作表達角色人物的語言、性格、情緒等)、衝突和轉變(情節起伏發展、有待解決的問題)、情境(能使角色產生行動的客觀條件)等(謝鴻文,2009)。老師可先幫助孩子了解文學故事的結構和要素,如主要角色、時空背景、主題、觀點、情節、衝突、比喻、對話或想像等……,接下來才能共同設計相關的戲劇活動。老師也先要了解孩子狀況,啟發他們去感受書中文意和作者的意涵,才能適當的指導演出。

主題掌握

戲劇教學的重點在主題和焦點的決定,以及考慮要如何呈現的問題。戲劇若少了主題將會很平淡,因此主題要清楚(鄭黛瓊譯,1999),在兒童的理解範圍內鋪陳,且不低估他們的能力。演戲通常會考慮五個主題:發生了什麼事?發生在誰身上?發生在何處?發生於何時?有何問題?老師要對文學內容熟悉,幫兒童發展出與書中情節或角色連結的情感,他們才能產生認同和投入解決問題的興趣,也才能演出。

成功的戲劇活動也要建立在能引起兒童興趣和有發展可能的主題上,還要考慮兒童從此戲劇經驗中能獲得什麼?戲劇主題其實是無窮寬廣的,除了選擇文學中有發展性的主題,也可透過探討孩子智能情感的問題來凸顯戲劇焦點。Warren(周小玉譯,2001)認為戲劇活動不需受限於文學的原始結構,或以整個故事做戲劇活動的基礎,而只要用其中一個事件或數個角色、某個片段或情節做為活動的起點即可。例如《母雞蘿絲去散步》即可用來引起兩歲幼兒的動機,問他們是否願意和農場的母雞一起去散步?而童謠對學步兒也是建構戲劇活動的好起點。

準備演出

　　針對各年齡層兒童戲劇教學的原理大致相同，只有目標可能不一樣。運用文學到戲劇教學中的做法可兼顧從英國發展的「**教育戲劇**」（drama in education）和美國發展的「**創造性戲劇**」（creative drama）的特點；前者重視戲劇過程的即席創作，以戲劇引導探究議題，後者重視戲劇元素的學習，透過發展階段來組織活動、呈現戲劇。戲劇教學讓孩子置身於開放的情境中，由老師來計畫和運用教學策略，透過發問技巧、引發動機、即興演出、角色扮演、模擬觀察……等方式進行。在不斷的互動、協調、探索中，孩子逐漸了解文學世界和體驗生活，並將所得之知識應用於真實世界中，成為自由創造者、問題解決者、經驗統合者和社會參與者（林玫君，2005；張曉華，2004）。

　　但戲劇課程並非任意而為、天馬行空，仍須仔細考慮規劃，否則無法讓孩子學到什麼。老師也應知道何時徵詢孩子的意見，對孩子提出的想法或意見要接納包容，否則他們將不願意參與。對戲劇的虛構本質宜採取開放的態度來面對，為幼兒說明戲劇中的虛構情境：「在戲裡我們可以變成和平常不一樣的人」；對害羞的孩子則要適時鼓勵其放鬆心情、運用感官和肢體，鼓勵想像和演出。

　　老師規劃課程時，要考慮自己將以何種方式催化戲劇的進展和將入戲扮演的角色，以鼓舞孩子的演出。其中將教室主權轉移到孩子身上、採取尋求協助的低姿態角色、選派孩子並視之為具專業知識的角色（專家的意見），及藉戲劇擴展其理解力等做法，都是對幼兒戲劇教學有效的策略（鄭黛瓊譯，1999）。

演出過程

O'Toole 和 Dunn 認為戲劇教學的實施過程有四個階段（劉純芬譯，2005）：(1) 初步計畫及實行階段；(2) 計畫及執行經驗階段；(3) 計畫及執行反應階段；以及 (4) 評量階段等。進行時先找到劇情的關鍵，以凸顯戲劇焦點，再切入核心，找出引人興趣的方法進行設計；也有人據此修改成先決定議題再選戲劇題材，挑選重要事件發展焦點問題，再選取戲劇策略做為初步的課程計畫（劉家華，2008）。Needlands 的課程設計架構（引自陳仁富，2007）則認為課程設計分三階段：(1) 將教學對象與教材連結做為出發點；(2) 選擇戲劇焦點並清楚定義角色扮演；及 (3) 決定戲劇情境、規劃形式、觀點與張力等要素。架構良好的戲劇也包含四個必要因素：(1) 開展；(2) 不斷發展戲劇的行動或複雜度；(3)高潮或危機；及 (4) 結局（鄭黛瓊譯，1999）。Heathcote 所提出的幾個角度是動作與靜止、有聲與無聲、明亮與黑暗，以及肢體節奏等，也幫助我們更了解戲劇結構的張力。後來 Warren 將上述諸要點融會，整理出戲劇課程的主要步驟為：如何開始→發問問題→等候回應→緩慢進行戲劇→變化任務→合適的任務→統整其他課程領域的學習→運用戲劇要素營造戲劇張力（如聲音與安靜、靜止與移動、黑暗與明亮等）。另可再歸納出幾項重點：

慢慢鋪陳

Heathcote（1984）認為戲劇是智力和情意的活動，主要鼓勵孩子討論、理解、臆測，而未必是大量的肢體活動；但對學齡前幼兒而言，戲劇除了強調思考能力的習得，也不能忽略肢體方面的活動。Warren 建議老師在戲劇活動中不要催促快速的解決，而是運用足夠時間讓想法逐漸產生，鼓勵孩子慢慢鋪陳，思考更多可能性和理解其中意義（周小玉譯，2001）。因此老師如何提問很重要，要能激發兒童的思考、找出劇中問題、使用自己的語言和表

達深層想法。老師還要能耐心等待孩子的回答，沒有預設立場，且不管回答為何都將與他們一起探索，並依此繼續發展活動。因此，老師需要學習良好的發問技巧，像「如果……會發生什麼事？」這類問題將可鼓勵孩子思考戲劇發展的可能和問題解決的方向。

提問引導

孩子的戲劇演出大部分會在原故事範圍內發展，即使書中沒有圖的部分也可以演出。其實孩子不用特別訓練也能參與這遊戲本質般的演出，並「神入」去檢驗文本；老師只要提供文學的情境讓孩子思考，他們會將所知及正在學習的生命經驗帶入，但老師還是可對幼兒做如下的引導（Graham & Kelly, 2000）：

- 考慮書中角色所遇到的困難情境，或劇情較緊張的地方。
- 看到與生活相近的地方，即使簡單也有重要的議題。
- 發展情節以擴張或強化原來的故事。
- 從原故事發展一個次要或新的角色來表現。
- 呈現從原故事中可能產生的新問題。
- 將班級幼兒分組，扮演不同角色。
- 扮演一個書中角色，接受同儕發問說出想法。

幼兒有時不需太多引導或介入就會以戲劇方式回應故事，是主動自然的演出能力，裴利老師的書《*Mollie is Three*》（1986）中就有豐富的描述。雖然兒童不需老師介入太多就會進行戲劇扮演，但老師還是有責任在戲劇的展開過程中協助引發，其中包括外在（externally）和內在（internally）兩種方式（Heathcote, 1984）。外在是由老師計畫或決定何者是需要或允許幼兒做的，老師是修正者、舞台管理者、積極的導演或編劇；戲劇演出時要聽幼兒意見、引導其建設性的工作、提供建議和鼓勵發揮、挑戰其想法和對應能力，但不過度干涉。至於內在則是「老師入戲」（teacher in role）與幼兒互動，例如扮演《傑克與豌豆》故事中的巨人，讓孩子解釋拿取別人金子是否適當？

如何釋放被滯留的人？……等等。幼兒的思考並非完全自然發生，而是依賴老師經由內、外在的協助而建構；老師的引導會影響幼兒的經驗，也會激發他們的思考與批判。

幼兒觀點

想要充分回應文學，需能從其中角色的觀點來考慮；戲劇角色給了一個「框架」（frame）（Goffman, 1974）或參考，演出者也依此而擁有某些力量或責任（Heathcote, 1984）。例如，當演出《三隻小豬的真實故事》兒童扮演法官來判決狼的作為時，必須清楚故事細節才能解讀和反應；而扮演狼的律師也必須清楚這隻狼所做的事，才能決定如何判決和為牠辯護。另外，還要考慮狼在整體情境中與三隻豬的關係……等，總之需要不斷回到書上去重讀和檢閱。孩子也會注意到一些細節，例如發現封面是記者報導的插圖，警察和記者都是豬，而開始懷疑到底應相信這些豬或狼或牠的奶奶所說的話？較大兒童演完此劇，可能會發現此書的主題竟然是故事的真實與否，決定於誰在說這個故事！

但戲劇不只是演出和重述故事而已，而是「需要設身處地為他人著想，用個人經驗去了解他人想法」（Heathcote, 1984: 44）。老師可讓幼兒離開故事一會兒，或合作創造戲劇情境，讓他們採取觀點演出；這樣就可從其他角度看文學，有了故事的內在世界經驗，可能會對角色和主題產生新的洞見。因此由老師示範演出技巧及提供戲劇相關資訊也很重要。

戲劇的問題簡單明瞭幼兒才會主動參與，每人也都應實際在能力所及的範圍內解決問題。徵詢幼兒的意見來決定戲劇走向是不錯的方法，採用幼兒建議發展而成的戲劇大綱應說明清楚、訂定規則，讓他們選擇自己能勝任的角色，調整建構策略（教師入戲即是以最簡單的方式飾演劇中角色）再演出。語言加上道具、音樂的強化效果（葛琦霞，2002），要實地進行才能體會。

跨越課程

戲劇可以跨課程進行，讓孩子邊讀各類文學邊演出各種議題、概念或事

件；有機會思考學到了什麼，或以寫日誌、畫訊息或敘述（narrative）來表達回應。戲劇演出不只用口白，還可融入音樂舞蹈……等，也不限文學閱讀，更可涵蓋各領域的內容；例如演出環境保護的科學主題、歷史事件、人物傳記或社會議題等。老師可提供與課程領域連結的各種文學類別，做為戲劇演出之取材。

老師選擇優良的文學素材，運用合適的策略，協助幼兒投入戲劇，以深度體驗文學的內涵。觀賞了戲劇的兒童，也可提出建議、分享批評、逐漸提升思考，發展更高層次的批判讀寫（Dunn, 2009）。然在進行戲劇教學的過程中，老師也可能會面對本身無法融入、幼兒不願演出，或因過度興奮而行為失控以致無法順利進行的情況，而必須不斷省思修正和提出改善的方法。

文學戲劇課程案例

以下是某國小附幼林老師在幼稚園班級中所進行的文學戲劇活動：

老師先出聲閱讀《門鈴又響了》這本書，因文字充滿重複性的生活應對語言，孩子都能很快的掌握與臆測將發生的情節。不斷出現的門鈴聲，如有聲劇場的演出吸引幼兒傾聽。故事中一次又一次分配香噴噴的餅乾令人期待，穿梭在廚房和小孩懷抱中的黑貓也很討人喜歡。孩子在聽故事的過程中，以生活的經驗和理解來詮釋書中的主題與情節，而有了豐富的學習體驗。

聽完故事，請孩子討論故事中的角色做了哪些事情？將要如何演出這個故事？誰願意來擔任哪一個角色？幼兒在舞台上演出故事戲劇，表現了理解情節的具體經驗。幼兒對此戲劇活動的回應還有從故事的興趣焦點創造一個新故事，例如一位幼兒對故事中的餅乾情節特別有興趣，而創造出一個新的故事「機器人製造餅乾機器」。從故事理解中，投射現實生活的情節：現實生活中出現一場大雨，幼兒創造一個虛構與現實連結的新故事：「下大雨了，餅乾被雨淋濕都變成軟軟的，要放進去烤箱再烤一烤。」有的幼兒則做出對故事情節順序的理解與敘述：透過繪畫，運用線條與箭頭，告訴讀者故事情

節及發生的順序，彷彿一幕幕由他親自導演的劇場。還有在故事中加入自我經驗：一位幼兒將飼養的獨角仙帶入，成為舞台中的新角色，參與故事演出也拉近新舊經驗的距離。

此書有如一個自然的生活故事，孩子輕而易舉的將之搬上舞台，以互動合作的方式演出創造性戲劇。在決定角色扮演時，孩子有自己的堅持去詮釋角色，對故事的興趣焦點與觀察圖畫的細微程度，展現出對角色的偏好與關注焦點。圖畫書中描寫和樂溫馨與分享的畫面，影響了現實生活中的這群孩子，也是詼諧的，喜歡加入嬉鬧打鬥的遊戲。但有時也會呈現不同的現實經驗，例如演出媽媽角色的孩子會準備更多的餅乾，讓每一個想吃的孩子分到更多；想要擁有最多餅乾的孩子，難免與其他孩子起了爭執……，這是幼兒創造的新情節，也會循著故事演出的脈絡去面對調解。這個戲劇活動創造出許多幼兒體驗故事和生活經驗的學習課題。

在戲劇演出之後，孩子們又進行了集體壁畫創作，將自己演出的角色記錄在大壁畫裡，為故事做最後的複述和創新。此時的《門鈴又響了》已經是一個從原著出發，轉換成小讀者改寫的新故事，有了孩子們共同建構的新意涵。

非小說類圖畫書

　　文學的範圍包括小說和非小說兩大類，小說類是敘述性文體，非小說類是解釋性文體，兩種文體用不同的方式寫作，結構和目的也不一樣；前者主要在講故事，後者則是要告知、敘述或報告。寫小說是在想像中創作，用故事呈現敘述性結構；寫作非小說類的書，則要做研究、收集資訊、用邏輯的方法組織訊息和呈現解釋性結構。下列表 13-1 可扼要說明兩種文類的不同。

表 13-1　敘述性文本和解釋性文本的特性與差異（Moss, 2003）

敘述性文本	解釋性文本
故事包含角色、情節、故事	解釋或探討訊息，報告事件和行為
目的主要是娛樂	目的是告知訊息
插畫是為了延伸文本的意義	插畫是要澄清或解釋文本
用第一人稱寫作	用第三人稱寫作
以時間順序安排	用描述因果、對照、比較、順序及問題解決的方法來安排
使用對話	提供訊息
用散文段落	用標題與名稱
使用描述及重複的詞彙	使用技術性詞彙，不常重複
擴充變化的寫作風格	簡單明瞭的寫作風格
與經驗有關的具體概念	抽象概念
讀者從故事及角色中得到意義	讀者從訊息中獲得意義
讀者可對內容存疑	讀者相信訊息是正確的
讀者會很快閱讀	讀者用彈性和較慢的策略閱讀

前一種文類廣為老師所重視與運用，後者隨著出版的多元而豐富也愈來愈被認識和喜愛，逐漸成為教師課程運用的重要資源（圖 13-1）。

♥ 圖 13-1　非小說類圖畫書很吸引幼兒

非小說類圖畫書的特色

教育的目的在促進了解，孩子不是只知道事實就夠了，還需知道如何使用知識。非小說類圖畫書提供了廣泛的人物、議題、事件和現象，可供探討和認識世界，是小說類圖書所無法提供的。一般兒童其實對訊息類圖畫書非常感興趣，而且日後生活中所讀的 80%～90%的書，都是非小說類，例如報紙、雜誌、備忘錄、手冊、指導及專業圖書等。過去教室中的非小說類圖畫書多半只用來參考，如百科全書、圖鑑、字典等，近年非小說類圖畫書品質有明顯的改進，寫得精簡有趣，還有優質的設計和視覺效果，成為相關課程

探究不可或缺之資源；老師可廣增這類讀物，供孩子閱讀和有效率的學會使用。

　　過去學童知識的主要來源是教科書，但其寫法有時平淡引不起興趣，或欠缺組織不易閱讀，有時對主題的探討過於簡略或訊息不正確……等，不像寫作技巧佳的非小說類圖畫書那樣吸引孩子。但有些非小說類圖畫書的每一頁夾帶太多訊息，無法有效傳播知識，也超越幼兒的閱讀程度（Taberski, 2000），故也需審慎選擇。整體而言，非小說類圖畫書仍具有下列的優點：

- 能滿足孩子的個別需要、促進個人化的教學指導。
- 能讓孩子熟悉一個主題的重要名詞與內容。
- 有趣易讀的寫作風格，能促進兒童的理解力和閱讀態度。
- 能幫助在與課程相關的主題上深入探討。
- 能提供正確即時的訊息。

　　非小說類圖畫書過去多是針對與課程領域有關的範圍來製作，但目前探索的領域卻很廣（Moss, 2003），從考古到摺紙飛機……等種種範圍都包括在內。插圖也有各式各樣的呈現，包括相片圖片、電腦圖表、詳實插畫等，特定的主題焦點像動物、歷史事件或自然現象等，都能獲得幼兒讀者的喜愛與注意。另外，像傳記的類型，範圍包括各領域重要人物的故事，也能啟發各年齡層的兒童。寫作型態上也有大幅的改變，不只使用單一的解釋型態，而是混合使用敘述、抒情或對話形式，也謹慎考慮圖書設計和插畫的許多因素，包括書頁、形狀大小、標題位置、內容陳列、印刷字體、空間及圖表說明等；極力增加書的引人特質，讓很多視覺取向的現代小讀者更喜歡。

非小說類圖畫書的型態與種類

　　幼兒非小說類文學除了包括主要的訊息類和傳記類圖畫書兩大範圍，還有更多細節分類（Moss, 2003），像是 (1) 訊息類圖畫書的類型包括：概念圖書、發覺自然的書、生命循環的書、實驗和活動的書、依據原始資源的書、

攝影圖畫的書、手工及如何做的書、訊息類故事書等；(2) 傳記類圖畫書的類型則包括：從搖籃到墳墓的傳記、部分的傳記、單一的傳記、合作的傳記、自傳等。說明於下：

訊息類圖畫書

這類圖書主要是在解釋或告知一個主題或概念，好的訊息類圖畫書作者就像好老師一樣，不只擷取事實提供訊息，還將之編織成有趣的形式，讓讀者能夠喜歡和參與。這類圖書重視內容的正確性、了解讀者的需要卻不直接向他們說教，而是鼓勵和延伸孩子的思考、啟發他們在一個主題上深入探究。訊息類圖畫書所檢驗的主題範圍很廣，也可以運用在所有的課程範圍上。

每一種型態的訊息類圖畫書各有其特色和目的，像是辨識自然的書可擴充對世界的了解，生命循環的書為追蹤動植物的成長。基於原始資料的圖書，像文件、研究、歷史照片和再製的文物藝術品等，都可讓讀者深入事實；像《博物館》、《如何做一本書》都清楚呈現觀賞細節和「如何做」的過程。其他有關食品、烹飪、種植等內容的書，即使低年級的孩子也容易閱讀了解。另有一類「訊息類故事書」是把知識訊息放在故事線裡面（谷瑞勉譯，2004），輕鬆傳達比較沉重的知識，像《魔法校車》系列即是，讓孩子無負擔地習得知識。

傳記類圖畫書

與訊息類圖書相似的是，傳記是提供有關個人訊息的事實。傳記能讓孩子了解和認同現在或過去一些人的生活，做為模範或學習其生命的勇氣和毅力。過去傳記多是有關英雄或總統等大人物，近年描寫的對象則擴及各領域的著名人物和平凡卻做出偉大事業的人們；作者也不再只把他們理想化，而會寫出其弱點和瑕疵。例如《雪花人》是有關畢生研究雪花的科學家班特利

的生平；《勇者的歌聲》是描述美國著名聲樂家瑪莉安安德森的生平故事；
《三角湧的梅樹阿公》則敘述本土藝術家李梅樹的生平，是國內為數不多的
傳記圖畫書之一。另外，如音樂家《貝多芬》及《中國鬥牛士王邦維》等，
其生平事蹟與奮鬥歷程都會對兒童有所啟發和吸引。有些傳記焦點在主角生
命中特定的時間或事件上，也有些作者或插畫家用自傳方式來表達自己的生
命故事，像《費茂大街26號》就是作者描述家人為建立新家所遭遇的問題。
這類「從搖籃到墳墓」的傳記圖畫書描述了人生的困難和成長，能深深感動
孩子。

　　另外還有一類多元文化圖畫書，能提供真實生活的視窗與觀點，讓孩子
看到不同文化背景中人們的生活情形；如《母親，她束腰》敘述泰雅族母親
堅毅的生活及其對孩子的愛、《傳家寶被》敘述猶太人家庭中的文化傳承。
在接觸這些書，透過對其他文化及其生活的了解後，不但能促進對多元文化
的認識、產生同理心和對跨文化的尊重，更能幫助孩子欣賞祖先的貢獻和促
進認同與和平。以台灣為例，可以促進幼兒對其他文化族群如原住民、新移
民兒童與文化的了解，這也是目前極需關注的議題。

選擇非小說類圖畫書

　　在孩子平日的閱讀中，他們很喜歡閱讀訊息類的圖書，有一個幼兒曾說：
「這種書讓我更聰明，想知道的事在這裡都找得到。」可見只讀故事類書是
不夠的，非小說類書也應一起用來做為建構孩子學習的基礎。老師們選擇非
小說類圖畫書主要基於兩個原因：一是與課程配合；二是培養孩子寫報告的
能力。例如要進行一個有關植物的單元教學時，就會選擇與植物有關的訊息
類圖畫書；但選擇時要考慮適用程度和品質，而不是只跟課程單元有關或能
介紹知識就夠了。在評估選擇非小說類圖畫書時，要考慮五個 A（Moss,
1995）：作者的權威性（authority）、內容的正確性（accuracy）、是否適合
幼兒（appropriateness）、文學的藝術性（artistry）和閱讀的吸引力（attracti-

veness）。分別說明於下：

權威性

　　好的非小說類圖畫書作者在寫某一主題時，是帶有絕對的權威性的，他是該領域的專家；即使不是，也會非常用心的去找尋相關文件，做這個領域的研究。例如《蒲公英》作者就對此類植物有深入的了解與介紹。

正確性

　　非小說類圖畫書所提供的訊息和內容是清楚、正確而即時的，能區別事實、理論或意見，不混為一談；像動物會說話那樣擬人化的情節，在小說中出現無妨，但在非小說類圖畫書裡卻不適當。對假定或預測的情況，會用較保守的句子像「大約、可能、大概」來陳述，不誤導讀者。傳記類寫作要求正確性，不將人物理想化，而會追求真實的呈現，像《你想當總統嗎？》那樣。但老師如何知道書中的訊息是否正確？必須要讀相關資料或文學批評來了解，英文刊物如《紐約時報》的文摘、期刊《號角書》（*Horn Book*）等，都有定期專文批評圖書，但台灣這種刊物很少，只有台東大學兒童文學研究所出版的《繪本棒棒堂》有這種引導和批評的專題。另一個檢查正確性的方法，是和百科全書對照，或諮詢專家、自然科學老師或教授等。

適當性

　　適當性是指不教訓讀者、不灌輸知識，而是循循善誘，以直接敘述和具體細節來促進讀者的思考。例如《我和我家附近的野狗們》作者描述有關如何照顧狗和流浪狗的種種，內容真實能促進讀者的了解，加強其同情理解和責任心。文本的組織清楚能幫助較大兒童掌握作者的目的和意圖，像章節名稱、大小標題、順序、因果關係、問題解決、計算、描寫、比較和對照等解釋的模式，都容易讓孩子了解。像《誰的葉子？》在指出的每一種葉子之後，都介紹了這片樹葉的特徵、所屬的樹種，再用大字寫出樹的名字，讓小讀者一目了然。

文學性

　　非小說類圖畫書除了要告知、教導和強化，還要能活化其主題、創造一個活潑可信賴的世界，使讀者願意進入。好的非小說類圖畫書必須保有一定的文學品質，用鮮明實際的描述和特殊風格來顯示主題。近年來傳記已不再用固定的格式寫作，詩或散文體也可用來介紹自然知識，像《這樣的尾巴可以做什麼？》就是以韻文抓住讀者興趣，生動的介紹各種動物器官的功能。有些書會用隱喻、暗喻、創造比較的方式幫孩子連結新知識和舊經驗；或一開始用詞即引發興趣和注意，再以標題清楚提示章節組織，讀起來條理分明。

吸引性

　　有好封面和內容的書較能吸引孩子，像是印刷大小、文本安排、每頁的內容位置等，都會影響孩子拿起來閱讀的動機。今日兒童的生活被視覺訊息所環繞，來自電視、電玩、螢幕的大量視覺刺激，使他們期望閱讀材料也能有好的視覺效果，否則就引不起興趣。很多非小說類圖畫書會用廣泛的媒材創造豐富視覺以吸引幼兒，同時提供知識和娛樂。表 13-2 總結非小說類圖畫書的五項特質及其相關的內涵問題（Moss, 2003）。

　　另外，還有插圖的設計、表現風格（語言、用詞、適合幼兒程度、概念的呈現、引用證據的支持）及圖書的組織方式等（Kletzien & Dreher, 2005）也都要考慮。

運用非小說類圖畫書於課程中

選擇適合的非小說類圖畫書

　　美國小學兒童在校一半以上的時間會喜歡並選擇閱讀訊息類圖畫書，特別是男生及低年級兒童（Moss, 2003），國內幼兒的情況也很類似。幼兒正在探索世界的階段，想了解事情如何運作，但這類書包含著特別的詞彙及較不

表 13-2　非小說類圖畫書的特質與內涵（Moss, 2003）

特質	內涵問題
權威性	作者在寫作過程中是否曾諮詢過專家？
正確性	文本內容及訊息是否正確？ 圖表及視覺訊息是否正確呈現？ 作者是否能區別事實和推斷？
適當性	呈現訊息的方法是否適合讀者？ 作者是否顯示對讀者的尊重？ 訊息是否被有效地組織？
文學性	是否具有文學性和藝術性？ 作者是否將訊息描繪表達得更清楚？ 作者風格是否令人喜歡？
吸引性	圖書的製作是否吸引人？

熟悉的文本結構，因此選書要有簡潔的語言詞彙及句子結構、生字少一點、能指著唸、插畫要明顯呈現訊息並與文字區隔、字體較大且版面安排有一致性等。孩子漸能閱讀字彙和了解概念，但太複雜的圖表和版面還是易造成疑惑，像《魔法校車》系列有時就有到底該從哪裡開始讀的困擾。老師也需支持引導孩子去了解詞彙集註、目次或大小標題的寫法等。

非小說類圖畫書的運用方式

　　專家建議老師引導幼兒思考讀非小說類圖畫書和讀故事類書的方式是否一樣？這兩種文本型態有什麼不同？或示範用圖表、集註及標題來尋找訊息，及用視覺表徵如地圖、時間表等來了解文本結構；更可在閱讀之前、之中或讀完時問：我期望發現什麼訊息？大小標題告訴我們什麼事？這本書的什麼地方可以幫我找到訊息？訊息是怎麼組織的？要怎麼讀這些圖表、地圖、時

間表……？什麼時候、要怎麼去使用圖表、目錄和索引？……等方式予以啟發。但這些運用原則多半較適合中小學兒童使用，對幼兒則需要做些調整，大致有三種模式（Palmer & Stewart, 2005）：(1) 老師直接教導或示範使用標題、索引目錄或插畫，教幼兒尋找訊息，而非從頭到尾讀；(2) 幼兒依各自興趣進行調查，老師加以鷹架，幼兒可用學到的技巧圖示發現的內容；(3) 獨立閱讀和調查，選擇感興趣的主題收集和分析資料，進行創作並呈現作品。

在閱讀教學上運用訊息類圖畫書的策略則包括（Walker, Kragler, Martin, & Arnett, 2003）：預測（透過出聲閱讀來預測文本）、比較與對照（如比較兩種昆蟲的不同）、訊息分類（如分類表格，區別螳螂和蚱蜢的不同）、瀏覽（如閱讀後寫下重要概念）、寫作（重新創作或記錄對文本的回應）等；以及用發問、激勵（誰能告訴我有關……的事？）、接受等方式（Riehgels, 2002）鼓勵孩子找答案，或以聽和討論活化背景知識、以寫作回應所讀……等等，促進其對該領域的了解。

另外，學者發現老師教導非小說類圖畫書的知識發展，約經過六個主要階段（Wray, 1985）：確定主題及探究的目的、安置訊息、選擇訊息、組織訊息、評估訊息及溝通結果。在擴充使用訊息類文本的活動教學上，Wray 和 Lewis（1997）提出幾個主要階段、提問內容和配合的教學策略，供老師實際運用時之參考（見表 13-3）。

運用方式中有兩種主要的活動可再深入說明：

出聲閱讀

幼兒對訊息類圖畫書中之因果、形式結構、問題解決等的寫作較不熟悉，老師可以出聲閱讀帶領幼兒進入書中世界、教導相關概念、了解與故事類文本的異同點（Palmer & Stewart, 2005），也探討興趣及回應。聽老師閱讀會內化這種結構，和文學類圖書相印證後可加強理解。另外，結合敘述性文本（Soalt, 2005; Yopp & Yopp, 2006）、針對同作者或同型態文本做討論比較，

表 13-3 運用非小說類圖畫書的方式（Wray & Lewis, 1997: 41）

過程階段	提問內容	教學策略
喚起、活化先前知識	對這主題已經知道哪些？	腦力激盪、概念圖、KWL 表
建立目的	我想發現什麼？我要用這些資訊做什麼？	設定問題、KWL 表
找出及安置訊息	何處及如何找到這些訊息？	情境學習（situating the learning）
採用適當策略	如何用此訊息來源得到我所需要的？	後設認知的討論、示範
與文本互動	如何能更了解內容？	文本重組、文類交換
監督了解	不了解的部分怎麼辦？	示範、策略圖、表格
做紀錄	從訊息中寫下什麼紀錄？	示範、寫架構、表格
評估訊息	我該相信此訊息嗎？	示範、討論有偏見的文本
協助記憶	如何幫自己了解重要部分？	回顧、重建、複習
溝通訊息	如何讓別人也知道這個？	寫作不同文類、出版非小說類書、戲劇演出及其他

或運用瀏覽重點、重讀及預測的策略等（Hoyt, 2002），均有助於澄清觀念和熟悉此類文本的特性。曾有研究發現，閱讀之後如有討論，幼兒會比較喜歡訊息類文本（Worowitz & Freeman, 1995），因此老師應多提供討論的機會以協助他們理解。

　　如果幼兒先備知識不足，閱讀理解非小說類圖畫書可能較困難，對陌生的詞彙、專有名詞也較不熟悉。老師可先教導幼兒非小說的特點如名稱、標題、圖表、字體及目的等，不需從頭到尾或按照順序讀，而是查目錄看興趣或需要而讀；甚或不讀文字而從題目、標題、圖畫、圖表中獲得訊息。引導的策略包括：

E-T-R 表（Tharp, 1982）

將所讀文本與舊經驗連結，以促進理解。

- 經驗（experience）：提到與文本有關的經驗（有誰玩過磁鐵？你注意過磁鐵的什麼？）。
- 文本（text）：專注在文本上，提出相關的討論（書上提到有關磁鐵的什麼？不同的磁鐵有哪些？）。
- 關係（relationship）：討論文本和他們經驗的關係（書上有關磁鐵的哪些是你以前注意過的？哪些磁鐵的用途是你從沒想過的？）。

放聲思考

看一個好讀者如何閱讀和思考，是一種有效的閱讀理解教學；老師在閱讀時可示範「說出」下列的內容和想法（think aloud），讓兒童學習並實際應用於閱讀過程中（Duke & Bennett-Armistead, 2003: 64）：

- 修正和調整理解（這個看來不合理，因為……；我不懂這一段，我得再回去讀……；我還是沒讀懂，我得再試試……）。
- 活化相關的先備知識（我知道一些有關……的事；這讓我想到……；這和我知道的有關／不一樣……）。
- 產生問題和回應（我懷疑……；我注意到……；有趣的是……）。
- 注意和顯示文本結構（我想這是依……而組織的；這段在說……所以我想下一段應該是說……；從標題／名稱／圖表來看，我發現……）。

與讀寫連結

讀可以培養對文字功能的知覺，寫可以重新組織文本訊息，因此將訊息類文本結合讀寫是重要的活動（Harvey, 2002）。在幼稚園可從選擇與課程主題相關的訊息類圖畫書開始，如關於昆蟲、大自然的書，進行有目的的讀寫

活動。一些短的訊息性文本如報導、手冊、說明書、信件、食譜、書評等也
可加以運用；短文通常運用鮮明的語言、提供完整的訊息，較易於接近和再
讀。先選幼兒有興趣的主題閱讀，再用討論、圖表、主題網、示範讀寫、戶
外探索等策略協助其理解（Filipenko, 2004）。較大兒童可記錄閱讀的想法、
書寫與主題相關的筆記日誌（Hoyt, 2002），或改編及創作新文本（Duke,
2003）等；也可以好的作品為師，去比較訊息類書、內容相同的百科全書和
教科書之間，從生動描述到僅是一般紀錄的差異。另外，還可示範如何收集
剪報、連結網站搜尋資料（如認識台灣的蝴蝶）、組織資料、整理結果和寫
作等。閱讀討論訊息類書之後，可歸納出如下之概念或圖表：

- K-W-L表（Ogle, 1986）：歸納對一個主題的先前經驗、目前了解和想
  要繼續探究的方向；包括先前知識（我知道的事——What I Know）、
  發問（我想知道的事——What I Want to know）及摘要（我已學到的
  事——What I Have Learned），清楚陳列所學到的知識概念（見表
  13-4）。

表13-4　「農場」K-W-L表

K--我已知道的	W--我想知道的	L--我學到的
農場裡有各種動物和蔬菜 農場裡有乳牛 農夫需要食物來餵養動物 農夫會用曳引機	農夫怎麼種菜？ 牛奶是怎麼擠出來的？ 食物從哪裡來？ 為什麼他們需要曳引機？	農夫會灑種子種菜 農夫會用擠奶器擠牛奶 食物是從農場中產生的 他們用曳引機把食物和牛奶 運出去賣給人們

- 調查表（I-Charts）（Hoffman, 1992）：記筆記和組織訊息很有用，可
  視需要畫表格，例如在「寵物」單元中，讀了有關寵物的幾本訊息書，
  尋找相關資源後，整理出表13-5（視需要可再擴充欄位）。

表 13-5　「寵物」調查表

	貓	狗	金魚	兔子
怎麼知道牠是否健康				
如何餵食				
如何保持清潔				

- **對照表**：將取自書中的適當資料做比較和對照（如表 13-6）。

表 13-6　「鯨魚與魚」對照表

表徵	鯨魚	魚
棲息地	水中	水中
尺寸	極大	從小到大都有
皮膚	光滑的	光滑且有鱗
如何呼吸	噴水孔像鼻子	用嘴巴和魚鰓呼吸

- **T型圖表**：以 T 形區隔和對照兩種不同意見或相對的概念（圖 13-2）。

♥圖 13-2　動物胎生卵生對照之 T 形圖表

- 流程圖（flow chart）：呈現因果關係、問題解決和順序的結構和概念，如歷史事件、生命循環或製作步驟等（圖 13-3）。

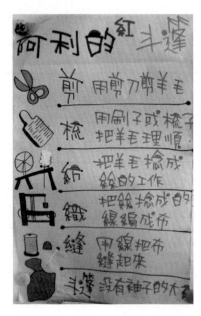

♥ 圖 13-3　製作斗篷和染布的流程圖

- 概念圖：閱讀討論過後整理出書中主要的概念（圖 13-4）。

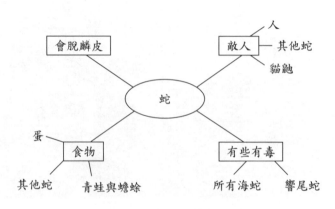

♥ 圖 13-4　「蛇」的概念圖

　　有了閱讀、討論非小說類書的經驗後，幼兒逐漸能學習比較和對照文本、判斷資料來源是否可信、分辨文本中的觀點或偏見、區別順序因果關係及事實和假設……等（Tankersley, 2003）。更進一步能基於所讀和資料，形成自己的意見和解讀，寫出能與人溝通的發現和理解；這些都是未來生活所需的重要技巧，孩子自幼即應有學習的機會，訊息類文本正是他們探索讀寫的一個良好資源。

訊息類圖畫書教學案例

案例一：第一位幼教老師進行的是有關「季節的改變」的主題，希望幫幼兒建立季節變化，以及世界也隨之改變的概念（Duke & Bennett-Armistead, 2003: 161）。

　　　　　班上的幼兒先討論什麼是「改變」，組成四個小組，老師給幼兒四本各是有關春、夏、秋、冬四季的書閱讀；他們會指著書，告訴老師是什麼季節。老師分派每組各去研究一個季節，也提供相關的圖書，並確定每位幼兒都有書可查；協助指導幼兒找出書中能代表各個季節的事情，仔細觀察和思考，畫出調查表。接下來請各組報告對該季節的發現，老師幫他們寫下所講的事情，並隨機提出一些刺激思考的問題。兒童談到花、樹的變化、動物的行為、天氣的改變等，逐漸承擔更多閱讀和討論的責任。幼兒討論到冬天時講到冬眠，正是前一週的主題，與此剛好有很好的連結，會主動比較熊與蛇兩種動物的冬眠有何異同？整個活動進行很成功，主要源於老師提供了適當的資料和引導，幼兒能從其中得到真實有趣且豐富深入的學習。

案例二：李老師進行的是《鍬形蟲大集合》的主題教學，其活動內容如下：

　1. 先預測故事內容：欣賞文本的封面，讓孩子猜猜文本內容在談論什麼？

2. 進行出聲閱讀：老師做示範的談話，接著進行想法圈的討論活動。

- 老師先閱讀故事，讓孩子熟悉文本。

- 老師做示範的談話：提供孩子可在哪裡獲得此種資訊（例如圖書館、網路、報章雜誌、父母或有專長之同儕）、如何收集相關資料。

- 組成想法圈：讓孩子們每五或六人一組進行協同合作的談話，釐清對鍬形蟲的概念。

- 討論：孩子們寫下自己的想法、心得或困惑，並在小組中跟其他孩子分享，最後選出「最好的想法」（有關鍬形蟲的主要概念）派代表跟全班分享。

3. 實際飼養鍬形蟲之幼蟲：老師透過友人從農場帶回七隻鍬形蟲之幼蟲，帶到學校交由小朋友飼養，孩子們一下課就到飼養箱觀察，每一次都驚喜有新的發現與體驗，這是一個「生命教育」的開端。

4. 觀察、記錄並寫閱讀學習單：將每天的觀察與同儕分享，並用圖畫與文字記錄。與同儕互動、討論，到參與飼養，將其感受及想法以文字或圖畫呈現出來。

5. 延伸教材：擴充到對「甲蟲」的探討，並對其種類、生活史有深一層的認識。

6. 探討「食物鏈」與「生態系統」：藉著此書擴展思考模式，了解其他昆蟲的生活史及動植物之間的關係。

7. 了解人與大自然的關係：探討人類不斷擴充版圖，侵犯了動植物的生態平衡，這對動植物會造成何種影響？（例如鳥兒築巢的材料中竟然有人類文明的產物——塑膠袋；山上或海邊渡假中心或休閒農場的開發，造成動植物及昆蟲界的浩劫；食物鏈的改變，寄居蟹因人們亂丟垃圾、濫撿貝殼的破壞以致不得不以塑膠紙杯為家……等問題）鼓勵孩子思考人與大自然的衝突是什麼？我們該如何改進？

8. 製作標本：班上所養的鍬形蟲死亡後，教幼兒製作簡易標本，使對昆蟲的認識更上層樓。

批判讀寫

　　至上一章為止，本書討論的讀寫教育環繞在 Halliday（1985）的三個主要的讀寫面相上（第五章的三圓環），學校的讀寫活動通常也強調學習閱讀本身和重視文本解讀，老師為兒童選擇真實的圖書來教導真實事件，鼓勵他們認同故事中的主角。但文本對兒童讀者的影響很大（Creitgton,1997），且範圍不止於此，只教導這些其實是有限的。老師只想教孩子安全範圍內的事，保護他們遠離令人不愉快的議題，但刻意的阻擋會使教室遠離真實世界，孩子也就無法參與認識重要的事實。文學世界中許多看似困難的議題其實常是現實生活中的基本問題，快樂的內容和結局反而很少存在於真實生活中；不過大部分教師認為孩子讀的書應該是主旨明確，而不是讓問題懸置、產生更多問題，或僅讓孩子思考卻無法馬上解決的。然而，那些社會議題正是會提出問題、激發讀者思考卻沒有立即的答案的，這反應了現實生活中的困難問題一直存在卻一時無法解決，如果搬上檯面讓孩子開始去注意，從不同的角度觀點來檢驗、思考並討論可能的解決，或許就有了改善問題的希望。

　　這類「超越了很久很久以前」（Ballentine & Hill, 2000）或所謂「社會議題」的書（Harste, Breau, Leland, Lewison, Ociepka, & Vasquez, 2000）能夠協助孩子建立對意義和權利系統如何影響人們及其生活的認識，會鼓勵孩子問問題，也帶來有關公平正義的討論。這類書不會故意忽略差異，而是讓人探討

在文化、語言、歷史、階級、性別及種族之間所造成的不同；能豐富人們對
於歷史和生活的了解，聽到被邊緣化的人的聲音；其結論很少是「從此過著
幸福快樂的日子」，而是讓人知道可以對社會重要議題採取行動。但是一般
幼兒教師對這類文學的議題及其意義似乎尚未有足夠的體認或重視。

文學中的社會議題

成人多認為一般安全又可愛的圖畫書已能滿足孩子的需要和心情，為什
麼還要鼓勵閱讀這種「危險」或被有些學者稱為「真實而勇敢」的文學呢？
這可從四個面向來討論（Lewison, Leland, Flint, & Moller, 2002）：

- 當幼兒有機會閱讀討論這類圖書時，會很認真地去參與「真實事件的
  對話」而獲得有意義的刺激和心智的活動。在美國小學所做的研究中
  發現，教室中有這樣的活動時，即使最不熱心的幼兒，也能強化自我
  認知和熱情參與有意義的討論。

- 有些老師會擔心用這樣真實性內容的書會引發衝突暴力或對孩子造成
  困擾，但閱讀很難避免書中所隱藏的矛盾和衝突，一些即使看似天真
  無邪的文學其實也都隱藏著危險，像《老鼠牙醫──地嗖頭》是有關
  生命危機和運用智慧化險為夷、《阿力和發條老鼠》是有關被遺棄的
  命運；社會議題圖書其實並不特別有爭議性。

- 使用這類圖書是從單一文化課程轉移到認同多元和差異課程的趨勢；
  批判讀寫大師Freire（1987）曾經鼓勵教育人員採取一種找尋問題而非
  解決問題的課程，如果把課程建立在找尋問題上，孩子就能看到真實
  世界，建立差異和不同的概念。人類的生活和感情中隱藏著很多社會
  議題如真實小說文本的內容，孩子如果能將個人經驗與書中連結，較
  可能產生同理心和了解。

- 使用社會議題類的圖書能鼓勵批判性的對話，建立一個堅強的社會和
  歷史課程的基礎，像是談論戰爭時，這種主題的文學能帶來強烈的意

識和真實感；也可從中學習民主精神，無論是在理論或實作上，有機會討論這些議題才能教導民主，了解不公平的情況下，那些角色是如何採取行動以促進社會正義的。

兒童文學中常表達的是「適當的行為」（Boutte, 2002），作者描述他們認為對的事，老師在教導時通常不會去質疑而不自覺的接受和順服於權威的聲音，但這種被動接受也說明了故事書會塑造或誤導孩子認識自己及世界的方式。Evans 等人（Evans, Avery, & Pederson, 1999）曾調查學校讀的書發現，愈接近兒童生活的、有意義的主題，往往最有可能變成禁忌，但這些反而是媒體上氾濫、孩子每天都輕易看得到的訊息；也有老師覺得有些議題不適合年幼的孩子討論，像是家庭變故、失業、忽略和死亡等主題太複雜和沉重，對很多成人尚且是問題，更何況孩子？因而保護孩子不讓太早去面對（Bargiel, Beck, Koblitz, O'Connor, Pierce, & Wolf, 1997），遇到時也淡化處理或避免探討敏感尖銳的問題。但也有老師發現幼兒其實有思想、能進行批判性的討論，應該藉這類書幫孩子準備好去建立及參與一個批判性的民主生活，培養批判閱讀、發展批判態度來面對和關懷社會，也讓幼兒獲得必要的技能和知識去揭露不義，產生真正的力量、解決問題並邁向社會改革。

幼兒一開始可能對這些議題也沒有太多感受，但會逐漸超越初期的陌生而參與在思考和認真的討論中。孩子樂意參與的討論絕不只是有關朋友、寵物和掉牙齒之類的身邊瑣事而已，在國外有些一年級和幼稚園的小朋友就會主動討論有關科索夫戰爭、沉沒的油船污染波斯灣等主題。那些老師鼓勵孩子成為找問題的人、培養對別人的人權敏感，也建立接納差異的基礎。對老師而言，這樣的討論會推向兩個新方向：一個可能令他們緊張不安，另一個則可能是新鮮有意義。這是一種冒險，老師無法預期幼兒會帶什麼樣的議題到教室，課程也不可能保持在一個安全的或預先計畫好並在控制中的路線；但這卻是參與和心智性好奇的開端，能讓民主進入課程，也把幼兒的生活帶到學校。如果老師不提供幼兒不同類型的文學（即使有一點爭議性），教他們閱讀、批判討論的話，是無法期望他們發展成一個敏於思考、會批判的成

人的（Gallo,1994）。

批判讀寫的理念

批判讀寫是基於 Freire 的理論基礎，強調透過社會上被壓迫的人所受的解放的教育，喚起激進的教學改革。他認為這不是教學的策略，而是一種思考的方式（引自Mcdaniel, 2004）；其中老師和兒童的角色要重新定義，兒童可以教導老師，他們的經驗和想法應被尊重，不能再把他們當成訊息的被動接受者，反而是要鼓勵他們用真實的對話去質疑世界；而且老師是和孩子「一起」說話，而不是「對著」孩子說話。Freire 強調反省要產生行動，要發明和重新運用想法，每一個個人或團體所在的情境不一樣，但要有希望、樂觀的態度，藉著刺激和支持朝向改進和轉換。

這種批判的觀點使讀寫的定義超越傳統的文字解讀，產生社會的意義，用以了解人們的歷史文化，相信人的命運可以改變，因而產生行動（Shannon, 1995）。這超越傳統的讀寫定義，加入批判的思考發問以及自己和社會的轉換，認為任何只要能讀的都可算是文本，也就是人可以閱讀、解讀、發問或重寫世界上的任何文字。除了 Freire 理論的影響，批判讀寫也有社會文化理論的基礎。讀者被鼓勵思考有關語言和權力的關係（Gee,1996），去發問和對話、發現文本中不明顯的訊息，並檢驗其觀點；一旦了解不公義的事情，就要採取行動、踐行公民的責任。批判讀寫被定義為一種讀寫的實作及民主的能力，能幫讀者發展出批判的覺知，了解文本所代表的是某些特定觀點，且這些觀點常會壓抑其他的觀點（Luke & Freebody, 1997）。批判讀寫的實作會針對文本的隱密動機及表面下的想法做統整，包括視覺的、印刷的、數位的及聽覺的方式和文本型態等。

批判讀寫的教學是個人面對文本的一種哲學與態度，非僅是進行活動而已。老師的工作是幫助孩子發展後設的覺知和語言，並運用這些到文本和學校生活中（Comber, 2001），因此在進行課程時希望孩子參與討論，而不只是

透過閱讀或直接教導傳達觀念而已（Harste et al., 2000）。為了要實踐批判讀寫，老師也需具有反省能力、了解自己的信念和對自己誠實；如果他們沒有真實擁抱這個理念下的哲理，所進行的教學將是不真實且沒有結果的。

從多元觀點和批判態度開始

Lewison 等人（2002）曾強調，以多元觀點為議題的書，顯示個人社會化的認同是建立在與別人的互動觀點上，這類社會議題的故事書可以做為開始討論和介紹的媒介。以《當乃萍遇到乃平》為例，它呈現出對同一件事所產生的四個不同觀點，是透過一個富有的媽媽、她寂寞的兒子、一位失業的父親和他樂觀體貼的女兒的敘說所產生的。透過他們的聲音，讀者可以覺知到每個角色對其他人的態度；書中反映每個說話者的個性，也很技巧地表達了性別、階級和偏見的議題。當讀者看到這些多元的觀點，逐漸能在老師的協助下了解其中哪一種是可信賴的。另外，像《七隻瞎老鼠》除了明顯的道德教訓之外，也呈現不同的觀點如何解讀一件事情使它愈來愈清晰的事實。有些書中角色會批判性地面對他們自己的問題，可激發讀者思考和成為其行動的典範，如《Amazing Grace》中小女孩疑惑為何因為自己是黑人、女孩，就不能演出潘彼得的角色，因質疑現象的真實性而轉換自己，最終啟動了個人和社會的改革。

有些圖畫書包含多層次的意義，讀者可以他個人的經驗、心智和情感發展來做不同的解讀，像《Guji Guji》可以被當成一個簡單有趣的故事來讀，也可以深入討論它有關種族融合的意識和層次；讀《我和我家附近的野狗們》時，孩子會討論流浪狗問題、如何處理這樣的事件和面對這樣的問題，進而思考可以怎麼改善現況。《好想有個家》有關失業和無家可歸的情節反映孩子渴盼有自己的家的心聲，可讓孩子討論街友和親人失業的問題，激發孩子去關懷或討論自己的力量能夠做什麼。這些回應能展開一些重要的討論和行動，讓教室實作更貼近孩子、賦予他們責任去注意更值得關懷的事。另外，

像貧窮、戰爭、環境問題、社會不義……等,以此連結民主、社會正義及讀寫實作,都可激發個人勇氣和教給孩子社會公義的概念。如果忽略批判讀寫的培養,恐將限制了孩子成為一個會思考、積極活動的民主社會公民的潛力,也無從產生社會改革的力量。能啟發批判讀寫的文本,大致具有如下的特色(Luke & Freebody, 1997):

- 不會故意假裝沒有差異,而會去探討這個差異如何造成。
- 能豐富人們對歷史和生活的了解,讓被邊緣化的角色有發聲機會。
- 顯示人們如何能對重要的社會議題產生行動。
- 探討意義的主導系統在社會中運作的情形,呈現人們的位置和質疑為何有些人是邊緣人。
- 不會為複雜的社會問題提供簡化的結論,沒有像「從此過著幸福快樂的生活」這類的結尾。

文本還應能顯示多元、對立或爭議性的觀點,避免單方面的偏袒某種文化、種族、性別、宗教或階級。

批判讀寫的層面與內容

兒童需要成人的解釋和引導,才能學習批判性的閱讀和體會書的內容特色。另外,對文本的了解,除了孩子本身的發展程度之外,也受成人所給予的鷹架和支持策略所影響。進行批判讀寫約可歸納出四個層面(Lewison, Flint, & Sluys, 2002):

- **打破通常性**:瓦解平凡陳腐,從新的角度來看每天的生活,把所讀的主題問題化,藉著發問來討論。
- **商議多元的觀點**:以多元角度商討文本,注意傾聽比較安靜或被邊緣化的人的聲音;以檢驗、比較、敘說和對照來掌握對話凸顯差異。
- **聚焦社會議題**:教學不是中立的實作,而是把社會政策、權力關係和語言交織其中;藉由研究其間之關係,了解社會政治系統、挑戰不平

等的權力關係。

- **採取行動促進正義**：藉由參與練習、不斷反應和採取行動來擴充每天的生活、質疑不公而達成社會正義。

當老師採取批判讀寫的實作則其教學將逐漸有所改變，包括所選文本的型態、所讀的書、所問的問題及所參與討論的形式等，從原來被動的閱讀轉移到積極的參與。第一層的打破平凡庸俗是批判讀寫最常見的層面，焦點放在從新的角度來看日常的事情；老師挑戰孩子的信念和假設、幫他們連結生活和文本、省思這種經驗的意義，使閱讀討論能從表面進入較深的內涵。

第二個層面是鼓勵孩子用批判的眼睛或透過不同角度來看日常事情，討論時考慮多元的觀點和聲音、面對社會不公、思考改變的策略。這時會注意誰的聲音被聽到、誰的沒被聽到；老師會鼓勵孩子與文本多連結、考慮多元觀點、挑戰一些假設和信念。但此時他們的討論通常還是比較表面，像是簡單的喜歡不喜歡、感到悲傷等，不容易再擴充深入。老師可用提問幫助孩子思考所讀的內容，例如（Apol, 1998）：

- 角色及故事情境如何被描繪，像是你喜歡故事中的誰？哪些人的聲音沒被聽到？他們在說什麼？
- 訊息被呈現的方式，有沒有其他方法來表現這個人、地方或事情？
- 文本可能被如何閱讀？你認為作者希望讀者怎麼思考？
- 讀者會如何回應文本，像是你注意到這個故事的什麼？覺得怎麼樣等。

老師幫孩子將平時隱藏在檯面下的議題帶出來進行對話，例如孩子偶爾談到公平的問題，就可以從這裡跟他們談教室或遊戲場中權力和規則的關係。當討論的議題產生時，老師會從不同的觀點來檢驗，也讓孩子帶領討論；如果沒有產生也不強迫他們，但有時必須提醒和解決某些議題，才能繼續學習下去。討論有時是全班一起，有時是以小團體進行，幫助孩子抽絲剝繭看到各種可能。批判讀寫的實作常是這裡一點、那裡一點或孤立事件的結合，要透過批判的角度來思考看待。

批判讀寫的實作既然和社會正義有關，就需經過民主的行動來實現，其

內容包括（Ciardiello, 2004）：

檢驗多元觀點

讓幼兒看到真實的模範而產生認同，例如問他們在日常生活中是否曾經有過家人對同一件事有不同觀點的經驗。

發現個人的聲音

帶領幼兒學習聽文本中真實的聲音，包含主流的和非主流的、被支持的和未被聽到的聲音。

認識社會的界線並跨越這些邊界

認識主流系統如何將人們定位為團體的一份子或外人；像這種排外的主題對孩子並不陌生，他們多有被排斥的經驗。

重新獲得個人認同

個人認同是被意識型態的系統所規範，那些被壓抑的分子會從這種壓抑中體會其中的掙扎，也了解偏見和歧視會創造出自卑或錯誤的心象，進而去修正個人認同。

對服務的呼喚和回應

責任的呼喚是民主和道德的啟發，會喚起對服務的覺醒，這可幫助孩子了解承諾、勇氣、合作和熱情的價值；透過討論和對話，讓他們理解可以為人貢獻什麼？改變什麼？

其實民主和社會公義對孩子來說並不是完全的困難或抽象，且孩子具有學習能力，願意在社會正義的活動中探討重要的議題；如果老師能夠用批判探究的實作來進行這樣的教學，將可幫助孩子成為具有批判和關懷能力的公民。但如果覺得這些對幼兒還是太難，或他們的能力有限，老師並不需要做到全部，只要選擇其中一、兩個和目前探討的議題焦點有關或最可行的方法去實踐即可。

批判讀寫活動案例

　　下面是一位加拿大的幼教老師，在幼稚園教室中整學年所進行的批判讀寫的活動（Vasquez, 2004）；探討的議題範圍包括了性別、種族、環保、公正和公平等，都發生在孩子每日的生活和閱讀文本的對話與行動中。

　　老師在開學時就和小朋友一起在教室後面建構一面學習牆，呈現幼兒不同的學習作品，成為一個視覺化的學習路線圖；活動連結成清楚可見的路線方向，顯示事件發生的時、地及連續引發的議題，可隨時回頭重新檢視。在課程建構的過程中，批判讀寫已逐漸成為一種學習和生活的方式。剛開學時學習牆上的第一件作品是《Quick as a Cricket》的封面，一幅蟾蜍的插圖旁註明一個問題「這是青蛙還是蟾蜍？」當孩子去探討這個問題時，就產生了有關青蛙或蟾蜍怎麼生活的對話，也進一步引發如何保護熱帶雨林生物的討論。孩子探討為什麼熱帶雨林的樹木和住家附近的樹木很不同，老樹到哪裡去了？以及有關用木頭蓋房子的問題。孩子寫信給父母親，問他們會不會買熱帶雨林砍下來的樹所製成的木質傢俱？還寫信給木材工廠，陳述反對砍樹的立場。

　　接著，在讀《森林和海的相遇》時出現了另外一個議題，書中有一幅男人在野外的火上煮食的插圖，引起孩子討論男人或女人誰該煮飯的問題，創造了一個性別討論的空間；也擴及男人／男孩或女人／女孩能做什麼事情的熱烈探討，和他們被如何定位的持續探究（例如媒體怎麼看待性別）。再來的作品是有關麥當勞快樂兒童餐的討論，展示幼兒理解到麥當勞藉著玩具來誘惑他們、鼓勵他們購買的商業行為，可見老師不能低估幼兒思考的力量。

　　接下來，有一天學校舉辦烤肉會，一位孩子什麼都沒吃，因為他是素食者，這引起有關食物需要及對素食者不公平問題的注意，產生對人們差異性的討論，以及人在學校或其他地方有類似被邊緣化的經驗。孩子希望學校能夠提供素食，寫信給膳食委員會也得到回應，表示以後願意改善並提供給需要素食的小朋友。他們也發現圖書館內很少素食的圖書，進而追究圖書資源

是由誰來決定購買,而發現選書代表的正是對世界不同的觀點。

學校在舉辦一個有關女權與性別的討論會,讓小朋友設計標語來支持女性,卻沒有讓幼稚園的小朋友參加,所以他們覺得幼稚園的孩子是不是在學校或教育系統中被邊緣化的一群人?學校所設的咖啡廳邀請全部的孩子來參加,唯獨排除幼稚園,幼兒感受到並非所有孩子都受到同樣的公平對待,他們就常被認為是無法做某些事情的;這就引起了有關他們能做什麼事情的討論,怎樣能改變這種學校或社會的偏見和不公平待遇?孩子開始傳閱一個請願書,希望校長把幼稚園小朋友也包含在學校活動中,這是一個關於主導和特權系統的深入探討。

孩子在剪母親節卡片和商店廣告單時,探討為什麼母親在現今的社會中是被塑造和描繪成某種形象?這種形象連結著隨之而來的市場廣告與商業行為,以及後續節日銷售案上的經濟利益。接下來,他們在報紙上讀到有關白鯨因為海洋污染快要死掉的訊息,這引起了他們對有關動物權、瀕臨絕種的動物以及動物照顧等議題的討論,也寫下對這個新聞報導的心得和觀點。

班上批判讀寫活動進行了一年,除了針對每日接觸到的事務和新聞外,也從書中得到不少啟發,像《爺爺一定有辦法》引發了從誰會做衣服的性別議題,到男孩女孩到底能夠做什麼事情的討論;《好餓的毛毛蟲》讓孩子注意毛毛蟲是不是真的會吃香腸和蛋糕?而產生了食物鏈被破壞、人們如何預防的話題;漫畫書《超人》讓他們想到也許超人可以協助拯救熱帶雨林,因為他非常強壯,但「強壯」是指什麼?是否就是有強壯的肌肉?這引起有關性別、控制與權力的相關討論。班上也讀許多訊息類圖書,進行有關環境保護和動物權伸張的探討,顯示孩子對環境的憂慮和關懷。孩子會引用圖書、寫標語或寫信給相關的人,提醒他們愛護動物和環境的觀念,這是他們積極採取的改善行動。

這一系列批判讀寫的學習,是老師運用文學圖書和日常事件來探究生活中不明顯卻與人密切相關的議題所建構出的批判讀寫的課程內容,啟發幼兒對重要事物的思考認識和積極行動,也讓他們有機會參與有意義的學習和世界的改變,奠定成為未來民主公民的基礎。

CHAPTER 15

評量

　　孩子透過閱讀廣泛的文學來學習語言的知識與技巧，也建立對文本、世界及人類經驗多層面的了解（如哲學、倫理、審美等）。他們在閱讀時會連結先前經驗、與其他的讀者互動、思索內容的意義；較大兒童更會運用策略和知識來批判和討論文本，逐漸發展出跨文化、族群、社會角色等的語言使用，以及對差異的了解與尊重。幼兒會創意的參與在不同層面的文學回應活動中，來達成學習、欣賞、探究和交換訊息的不同目的，而這些也都可用來評估文學學習的成效。

評量的原則

　　老師進行以文學為主的課程時，不斷的在協助孩子規劃活動、延伸回應和統整課程，對其成效如何也應有所了解和檢驗。文學的學習需要多元的能力，而讀什麼、運用什麼線索策略和學到什麼等，不但是學習的過程，也是成果衡量的標準，可提供老師進一步教學的參考。評量伴隨著教學無法切割，如果老師能了解、記錄每個孩子的閱讀知識、策略、優點或困難，也就能修正和改善教學。但學習過程中的表現與能力收穫，及在生活情境中的反應，才是他們真正學到的知能，不是考試測驗的結果；因此，評量不是由「成績」

來決定，而是教學的過程與結果。

對評量方式的理解，近年已傾向於相信那是一個持續的過程；老師本身是重要的評量工具，要用不同的方法收集幼兒資料，以理解他們學習和讀寫發展的相貌。評量的主要原則是（Vukelich et al., 2002）：

- 評量就在教學中：課程教學和評量密切相連，不需另花時間進行；在平時活動中，老師隨時可了解孩子各項能力的發展。
- 以評量促進教學：基於現場評估，修正課程計畫以符合幼兒需要。
- 收集多元證據：以不同時地的觀察和資料收集，來了解孩子的能力和發展。
- 評量應維持一段時間，以顯示孩子的發展情況和用來比較各階段進展情形。
- 評量孩子在真實讀寫事件中的表現，不是為評量而評量。
- 孩子也應做自我評量，對自己的學習負責任。

教師的自我評估

教學過程中老師有必要經常省思下列問題：幼兒日常參與活動的目的是什麼？實作是否達到語文及統整學習的目的？是否提供促進語言使用的情境和互動的機會？如何知道幼兒學了什麼？如何修正實作來促進幼兒參與⋯⋯等。老師要了解這些，需養成記日誌的習慣，以之做為反省的依據，或以觀察談話來了解幼兒的表現。學者 Grave 曾建議老師每日花一點時間「閱讀自己的教室」，快速寫下反省，他稱此為「閱讀這個世界」（reading the world）；要考慮和寫下每天的教學，像是自己注意到什麼？注意到誰？如何解釋這一天的事件？或錄影一段團體討論活動和幼兒一起觀看及評估。老師藉著自我評估，從自己的角色中省思，或和同事分享，一起解讀教學中的事件（引自 Galda, Cullinan, & Strickland, 1997），如此漸能覺知教室活動的節奏和意義，建構一個有效的課程，也建立省思的信心。當老師示範自省，兒童也

會開始受影響而試著自我評量、積極面對自己的學習，此時再引導他們討論
自己做得如何及有何可以改進的地方會更有效，也可鼓勵較高年級的兒童寫
下他們學到了什麼。

文學學習的評量

　　評量需要廣泛收集孩子各種的學習資料，包括：藝術作品、活動學習單、
討論紀錄、檔案資料、閱讀日誌（reading logs）、反應日誌（response logs）
及對談紀錄等，這些都是可據以評量的適當資源。老師會思考這些作品說明
了孩子的什麼、將如何使用這些訊息來改變實作？也就是密切觀察幼兒、分
析其作品、選擇評估策略，並採取改善教學的措施（Galda et al., 2000）。評
估要能檢驗兒童的基本技巧和觀點，下列方式可收集到重要資訊來評估孩子
的學習：觀察、與孩子對話、半正式評估和正式評估等（Graham & Kelly,
2000），老師可妥善運用。

觀察

　　在每日活動中進行觀察並做記錄，記錄的範圍包括：幼兒如何讀書（與
書本互動情形、能否對照書籍、找尋相關資料等）、安靜閱讀時的行為（是
否專心閱讀、所讀是否適合、閱讀時間長短等）、跨課程閱讀的情形（是否
會用不同方式閱讀不同文本）……等；老師可從閱讀表現中觀察到一些重要
訊息，像是孩子不會做數學，究竟是因為閱讀困難，或缺乏數學觀念所致？
有時意外觀察到的活動表現也可以記錄下來做參考，如孩子能讀通知單即代
表了會閱讀。

與孩子對話

　　與孩子對話的活動包括：(1)聽孩子非正式的談話：他們隨機表現在讀寫或其他活動過程中的談話，往往能提供寶貴訊息；(2)閱讀會談：在與孩子面對面的討論中，看到其閱讀問題和興趣範圍；(3)讓孩子為老師或其他人閱讀：記錄其閱讀時的情形和所採用的策略，進而提供所需的協助。老師可在這些活動中進行非正式的評估記錄（圖15-1），或設計一份觀察記錄表，列出孩子姓名、所處情境、說話內容、語言形式（如完整的句子）及書寫情形等欄位，將觀察記錄到的項目勾選或描述。

♥ 圖 15-1　老師拍照並記錄幼兒的讀寫行為

半正式評估

針對早期的讀寫觀念

例如在分享閱讀時的發問、觀察和記錄，可看到孩子閱讀時是否了解圖書和文字的關係、能否分辨書的封面、了解文字閱讀的方向和翻書順序等這些讀寫的早期觀念。

流水紀錄

流水紀錄（running record）用在已經超越早期閱讀、開始會獨立閱讀熟悉文本的兒童身上；觀察其出聲閱讀時的行為和「誤讀」（miscue）的可能原因，是錯判了字的音、義或形？以決定進一步的輔導方向（Clay, 1979b）。對孩子提出的意見或發問也可記下其思考洞見，記錄步驟如下：

- 選擇一本孩子大略熟悉，但不完全記得內容的書讓他讀。
- 決定如何記錄，保持輕鬆，請孩子開始出聲閱讀。
- 孩子不會讀時不要太快介入或提示，給他一些思考的時間。
- 孩子分心或無法閱讀時才介入，但不要有負面意見或批評。
- 給孩子時間提意見、看圖畫、問問題。

誤讀分析

誤讀分析（miscue analysis）是對較大學童閱讀問題的診斷；拿一本較不熟的書讓孩子出聲閱讀，目的在找出其錯誤發生之可能原因以提供引導。有關記錄誤讀的方式在一些書中有較詳細的說明可參考（例如 Graham & Kelly, 2000 等），老師應清楚檢查孩子閱讀所犯的錯誤，了解他這樣讀是因為遺漏視覺線索或忽視文章意義所致（Clay, 1985）。逐一分析，不要只選擇性的注意問題，或一味以罰寫來更正錯誤或強調背誦死記，而忽略真正的原因。假如詳細分析後發現孩子是因了解句子的意義，卻忽略文字的視覺線索而不認

識某個字，就容易找出協助的方法；熟習這樣的分析方法後，更能了解兒童閱讀的問題所在。

至於所選擇閱讀的文本，最好是稍微超越孩子的能力或他們較不熟悉的內容，可以是短篇或摘錄的一段。還要考慮孩子的讀寫和文化經驗，如果太簡單或太難都可以換掉。一開始老師還不熟悉記錄方法，用錄音機錄下孩子所讀，之後再記錄，也避免在孩子讀時因忙於記錄而漏失重要訊息。閱讀前可告知孩子，這不是測驗，請他先試著自己讀，不靠老師；遇到困難不馬上介入，給他思考的時間，看他用什麼策略解決。讀完後再問他這書是有關什麼？不像考試或問封閉性的問題，而是問他是否喜歡，及對角色和事件的看法，並記下他的意見、反應與問題。如果孩子並沒有扭曲文意，那就是用對策略也了解文本，像是知道用繼續讀下去來了解句子、回頭閱讀以檢查文本，或在讀不懂時設法自我修正……等。如果誤讀扭曲了原意，則可能是用錯策略，像是死板的逐字閱讀而未用情境來幫助自己了解意思、理解受干擾卻未更正……等。老師做了這些分析了解後，再進而設想幫孩子改善的方法。

正式評估

有些英語系國家會在開學幾週之後，對幼稚園四、五歲幼兒進行正式的語文測驗，內容包括讀寫知識、早期閱讀行為、字母知識、孩子姓名和字音知識等，通常在教室情境中進行；有些則以測驗孩子的字音知識、解讀技巧、認字能力、正確流暢程度和理解能力等為目的，從中算出標準分數來和全國的常模比較。老師應清楚這些測驗的目的，了解測驗編輯者的觀點和其所要測出的結果，畢竟這僅能用來了解學習的部分訊息而已。在使用這類的評量前，老師最好還要能問自己下列的問題：我為何要用這些測驗？要測驗什麼？這能幫助我更了解孩子的能力嗎？它會告訴我如何滿足孩子的學習需要嗎？這個測驗是否忽略了哪些重要的觀點？有無其他更好的方法可以回答我的問題？……等等；深思這些之後才決定用或不用及如何適當運用。有不少幼教

老師也會以輔助教材中的測驗卷來測試幼兒的學習表現，同樣應有審慎的考慮而不盲目濫用。

檔案評量

老師藉評估成效來修訂教學實作，但標準測驗並不能準確反應，唯有平時規律的整理作品和活動結果才能收集到孩子真正的知識了解與學習情形。這些資料累積的檔案是很好的評量依據，除了上述幾種方式之外還包括：

軼事記錄

軼事紀錄是保持事件原來面目的記錄，可幫老師了解現實情境中孩子的學習表現（Teale, 1990）；但教室中孩子這麼多，如何能了解每個孩子的表現？這可從每天收集一位幼兒的資料開始。做法可以是老師請幼兒選擇並閱讀一本書（大書）的作者、書名和內容（Vukelich et al., 2002）；用特製如蒼蠅拍形狀的「愛的小手」，在上挖洞框住書上字詞請幼兒唸讀；或觀察各種自發的閱讀寫作活動，像孩子在閱讀或重述故事時，可看到他的問題是什麼？想法如何？是否了解故事結構？是否在建構意義等，將這些發現記錄存檔。其他的類型還有：

小品插曲（vignettes）

老師對兒童所表現文學學習行為顯著事件的收集記錄，可用來佐證軼事紀錄，但內容更詳細。

檢核表

與特定的學習目的或情境有關，設計出活動檢核表，方便檢驗特定讀寫行為和知能表現的情形，以利更有系統的觀察。每次記上時間，放入檔案，可顯現切實的發展。其缺點是有時只看到一瞬間的表現，無法了解或反應完

整的訊息（圖 15-2）。

學習單

　　老師於閱讀活動後彈性設計相關的學習單，讓幼兒創意表現其學習的成果，也可從中看到其學習與理解的情形（圖 15-3）。

訪談

　　有時觀察只看到表面現象，訪談才可獲得內在訊息。訪談幼兒的問題可以很廣，像是：描述性問題（請告訴我⋯⋯）、結構性問題（你在寫時也會閱讀嗎？），或對照性問題（請比較和對照先後經驗或讀過的書⋯⋯）等各種類型。

♥圖 15-2　圖書閱讀之檢核表

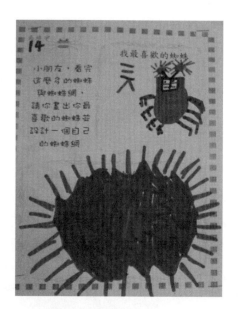

♥ 圖 15-3　「好忙的蜘蛛」故事讀後學習單

　　老師也可用錄音、錄影的方式記錄幼兒平時的讀寫活動，或收集一般作品（影印後將原著交還幼兒）（圖 15-4），或以相片保留三度空間或立體的作品（如積木）；將這些資料有系統的保存在個別孩子的檔案夾中，其他影音資料也放入，首頁再附上索引說明檔案內容。

檔案夾

　　檔案夾內的資料通常主要有兩種（Vukelich et al., 2002）：

工作檔案夾（working portfolio）

　　收存有關孩子成長與發展的相關文件，代表他們平日表現的典型作品和一般工作內容，放在文件袋或盒子中供參考（圖 15-5）。

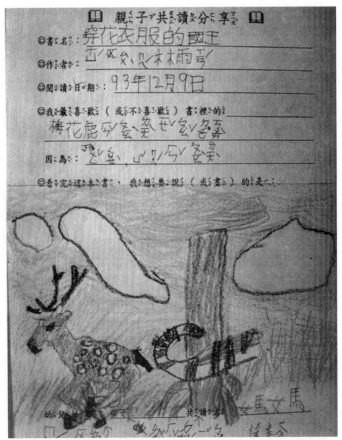

♥ 圖 15-4　故事讀後作品

♥ 圖 15-5　幼兒的工作檔案夾

優點檔案夾（showcase portfolio）

收存師生共同選出的好作品，強調孩子進步的情形。既是有目的地收集作品以展示其進步與成就，即應由師生共同選擇和訂定收集的標準，也幫助幼兒逐漸養成自我檢閱和反省的能力。

如何選擇作品放入檔案夾？哪些能代表孩子的成長？能代表孩子發展的作品通常不是老師的指定作業，更不是所有的作品，而是那些能達成教育目標、能表現學習和進步的內容。至於由誰來選擇作品放入？檔案屬於孩子，他們的擁有權很重要，老師應維護這份擁有權，協助他們一起收集，而不是為他們做好完成而已；即使幼兒也有能力獨立選擇，至少工作檔案夾的部分是如此。當把作品從一般檔案夾拿出來，轉放入優點檔案夾中時，就是對這個作品反思的機會，應有一個說明紙條，讓別人知道這個作品的背景。老師可協助孩子自問「我為何將此放在優點檔案內？它如何表現我的學習？」這是讓幼兒參與在「與內在、批判的自我對話」的機會中，他們會逐漸了解選擇的意義和重要性。Wilcox（1993）建議作品資料不要堆積太久，幼兒的更要常篩選，可每月進行一次，但也要看放在一般檔案中的資料數量而定，如果太少就無從選擇。

另外，檔案的核心意義是用於分享，而分享的對象包括了：

- 同儕：分享檔案是建立「教室社群」的重要工具，凡是有關孩子對文學的理解體會、策略運用、學習過程、嘗試寫作……等，都可請他們選出來分享，和同儕說明其重要性、自己的讀寫如何因而改變等。開始可由老師先代選一、兩篇，示範如何分享、分享什麼、如何發問和告訴同儕學到什麼……等，讓幼兒觀摩練習。另外也可訂「分享日」，每週分享一份作品，教導孩子如何互動和彼此學習。

- 家長：在書寫親職聯絡簿或與父母座談時，老師可將檔案做為報告的依據，或讓孩子自己呈現給家長。有的學校會安排「檔案日」（portfolio day）邀請家長來校參觀了解孩子的學習，老師也要教家長如何回

應這些檔案;也就是強調不只是找孩子的缺點,更要重視他的成就(圖
15-6)。

對家長的報告有口頭和書面兩種方式,除了口頭說明這些資料所代表的
幼兒成長與發展的意義之外,整理檔案寫出的「**敘述報告**」(narrative reports)
則是歸納孩子能做的事,正面呈現其發展成就,也就是一種「進步報告」。

評量是老師從日常收集到的各種學習資料中,去了解判斷孩子們「學到
了什麼」(assessment)和「需要再學什麼」(evaluation)的過程;其中不只
是老師的評量,還有孩子的自我評估。在這個過程中可以看到孩子學了什麼,
呈現他們的讀寫理解及知識概念等各方面的獲得和意義;評量不僅是對學習
結果的檢驗,也是持續支持學習者不斷進步的動力。

♥圖 15-6　幼兒為家長說明自己的檔案作品

CHAPTER 16

協助家長參與

生態系統論（Brofenberner, 1979）中強調孩子是在家庭這個大生態系統及更大的社區系統中生長與學習；父母是孩子的第一個老師，孩子在家中學習「家庭的課程」，父母有培養、引導、教學和示範的作用；對孩子各方面發展都有重大影響，讀寫教育是其中之一，而幫助孩子學習讀寫的好方法就是從小開始為他們閱讀。Taylor（1983）發現孩子如果成長在重視讀寫的家庭，得到家庭的支持和鼓勵，就會在他們開始學習讀寫時占有優勢。孩子在家中看到父母在閱讀或為他們出聲閱讀，就會感受到閱讀的重要而開始閱讀；及早接觸圖書能促進孩子早期閱讀的發展（Holdaway, 1979），也有益於日後的學習。

與幼兒一起分享閱讀在有些文化中是很普遍的事情，像在美國三歲以下的幼兒，就有45%每天父母會讀故事給他們聽；三歲到五歲者則有56%的父母每天會讀故事給他們聽（National Education Goals Panel, 1997）。國內年輕一代的父母也漸能認同為孩子閱讀的重要性，加上近年來學校和社會的推廣，也較能接受和積極進行親子共讀。早期讀寫的研究也發現，口說語言是建立讀寫發展的基礎；父母在與孩子對話時多能針對孩子本身的發展和興趣，交換個人化的語言，也提供孩子問問題、澄清事情的機會。為孩子閱讀時許多有益的互動包括發問、討論和與生活經驗結合（Stickland & Morrow, 1990）、

傾聽與回應等，都能強化親子關係，並豐富孩子的語言及生活。

家庭讀寫經驗

　　幼兒早期讀寫的發展，會受一些家庭環境因素的影響，過去強調是與家庭經濟和父母教育水準有正向關係，近年則重視孩子在家的實際讀寫經驗。以下是一些主要的影響因素：

- 幼兒需要有接近文字和圖書的機會：如果缺乏將不利其發展。
- 成人要能示範讀寫行為：孩子需要觀察周圍的人每日如何運用讀寫，才會發現值得從事，而學習如何去做。
- 父母要支持孩子的讀寫活動：像回答孩子對文字的問題；指出環境文字；為孩子讀書；拜訪圖書館、公園、博物館；和進行功能性的讀寫，如一起寫信給親友等。
- 孩子要能參與獨立的讀寫：獨立的讀寫常和遊戲連結，遊戲提供孩子自由實驗和萌發寫作的機會（例如在角落扮演醫生寫處方箋），能增強對書寫概念的了解。他們也會將讀寫用在生活中的功能性、非遊戲的情境，例如在活動周圍掛上自寫的「請勿打擾」牌子以防他人干擾。
- 父母要為孩子閱讀故事：不少研究發現，父母是否為孩子閱讀故事會影響孩子的語言發展、早期讀寫及閱讀成就（Heath, 1983; Holdaway, 1979; Taylor, 1983）。主要發現：讀故事書提供孩子接近好書的機會，建立積極的閱讀態度；父母會引導示範書怎麼拿、如何讀等閱讀技巧；父母也會支持協助孩子閱讀，逐漸熟習後會鼓勵他們自己讀。另外，文化因素也會影響父母仲介孩子閱讀的態度（Heath, 1983），例如中產階級的父母較會幫孩子連結閱讀與生活經驗，工人階級則多直接定義內容或較少為幼兒閱讀（Teale & Sulzby, 1986）。

引導親子共讀

　　雖然影響深遠，但父母並非天生就知道如何協助孩子，沒有獲得資源協助或建立社會網路，很難做好引導的工作。幼兒教師可和家長合作或提供這類協助，幼教老師因具有下列特質常成為家長幫助孩子學習時的重要助力。（Swick, 1991）：

- 與家庭互動敏感，能適當回應。
- 能彈性接納個別孩子和父母的需要。
- 在與家庭學校相關議題的言行上值得信賴。
- 能接近家長對子女發展和學習的想法。

　　因此，學校的老師可提供家長下列幫助：

鼓勵家長為孩子閱讀

　　每個家庭引導孩子學習的讀寫實作不盡相同（Heath, 1983），有些較常說故事、有些較會聊天討論。父母畢竟是孩子最自然的老師，有較多時間與孩子一對一互動、陪孩子閱讀自選的圖書、能隨時回應，也知道何時停止；鼓勵和陪伴孩子閱讀，父母是居於最有利的位置，唯有讓閱讀成為親子共識，都認為重要也喜歡，共讀才會持續下去。

　　老師可藉很多方法與家長溝通「為孩子閱讀很重要」的觀點，包括開會討論、提供借書或錄影帶回家、邀請家長到校觀察孩子閱讀等。鼓勵家長具體做到像是每天讀或說故事給孩子聽、和孩子談書、鼓勵孩子寫下想法、在家多提供有趣的閱讀材料及示範讀寫行為等。學者Lamma（1985）曾提出父母為孩子閱讀的一些建議：

- 選讀的書是自己也感興趣的。
- 建立每天固定的閱讀慣例。

- 當孩子失去興趣時就停止閱讀，不要勉強。
- 支持孩子對故事的任何回應。
- 讀過的書讓孩子保有幾天，以便回味體會。
- 讀後留一些時間閒聊討論。
- 擴充閱讀其他相關的書。

　　父母最好也要能為不同發展階段的孩子調整閱讀方法，例如對學步兒要增加他讀的興趣，所以要常讀，而不是一次讀很長。學前幼兒喜歡大人為他一讀再讀，熟悉後才會自己讀，但孩子不論自己已經多會讀，還是喜歡聽人讀，家中兄姊長輩都可為幼兒閱讀。讀時也可以將文學連結應用在日常生活和各種活動中，增加孩子對書的親近感，例如深入關切一個主題，提供旅行時的參考或藉以了解地方典故等，也可逐漸增加欣賞圖書的深廣度。

協助獲得圖書資源

　　讓孩子擁有自己的書或借學校的書回家，表示書是可以珍惜、重讀、一再享用的意義。家長可從書店、書展或參加學校的讀書會中獲得圖書，也有書店為推廣而提供賣書折扣；圖書也可以是師生共同創作或孩子正式發表的作品，再有就是向學校或圖書館借書。老師在班上和孩子一起製作「圖書袋」裝所借的書回家（圖 16-1），讓孩子每晚有書可讀，每週借出次數則視教室擁有的圖書量而定。袋內裝的可以是幾本相同主題的書、雜誌、報紙、道具、錄音帶、活動卡、相關活動學習單、親子反應日誌和交回的圖書清單等。提供的圖書應考慮孩子的發展興趣和讀寫程度，還要寫信向家長說明借書回家的原因及做法；以及要有契約書要求家長負起為幼兒閱讀、與其一同保管和歸還圖書的責任，使這成為大人、小孩都歡喜參與的「家庭作業」。老師在積極收集和擴充教室圖書時，也應建立方便孩子借閱的手續；讓他們自行在圖書證上登記借書，不依賴老師，如此才會樂於借閱（圖 16-2-1～圖 16-2-2）。

♥ 圖 16-1　幼兒自製的圖書袋（附彩圖）

♥ 圖 16-2-1　自己登記借閱的圖書

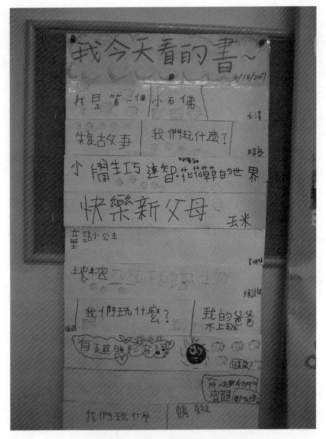

♥ 圖 16-2-2　幼兒記錄所讀的書單

和家長溝通

推動親子共讀需要不斷的溝通示範和解除家長的疑惑，方法包括：

單向溝通

- 月訊：每月出刊，告知家長有關孩子的學習及在家可以促進讀寫的建議活動，還有介紹課程進度、教室新設施、推薦新書或好節目、單元閱讀書單或讀寫資訊等；讓家長有所期待而定期閱讀。

- 手冊：將相關政策、校規、課程及行事曆等在開學初交給家長，回答常見問題及疑惑，幫家長了解學校並顯示對家長的關心。
- 家庭聯絡簿：和家長溝通討論孩子的學習、強調其成就表現；內容也建議在家進行的文學讀寫活動，家長收到閱讀後較會積極配合。
- 家長布告欄：在教室一角或戶外走廊提供訊息給家長，可以介紹新書、強調特定主題、提供文章、免費小冊子及家長感興趣的訊息等（圖16-3）。

♥圖 16-3　校門口的家長布告欄

雙向溝通

- 親師座談：營造積極氣氛，提供分享訊息的機會。老師要重視父母的意見、積極回饋，並加強其對文學讀寫的覺知；可採用工作坊的方式，或在會議中與家長溝通，或建議共讀的書單。
- 專題演講：可先了解家長感興趣或遇到的親子共讀方面的問題，邀請

適當主講人，或由園方就特定主題與家長談。

• 應用工作坊：由校方提供材料，示範一些在家可做的親子活動，鼓勵親子一起來；例如做書套或製作手工書等，最後帶回或展示完成的作品（圖 16-4）。

♥ 圖 16-4　親子活動的作品展示

• 家庭讀寫工作坊：活動可包括：討論童年讀寫的經驗記憶、讀童書活動、研討促進幼兒理解的策略、練習運用和討論的技巧等。
• 開放教室：鼓勵家長參觀教室、看孩子的學習及與老師的談話討論，另外教室也可多張貼有關親子共讀、讀寫學習的相關訊息。

爭取家長義工

　　家長參與的興趣能力和意願不同，善加引導可從事各種協助教室活動的工作。可先調查了解家長的意願與能力，再提供機會讓他們參與。有些家長願意在家收集材料、做書袋、道具或自製故事書，或代幼兒創作的故事打字等；可邀請家長至教室看孩子使用的情形，了解後會更願意貢獻。有些家長願意做教室內的義工，可先辦理工作坊引導。家長進入教室擴充了孩子與成人的互動經驗，增加小團體或一對一活動的機會，連結起孩子、家庭與學校

的合作關係，均將更有助於幼兒的學習。

擴展共讀經驗

對於老師如何協助家長實施親子共讀，學者的建議如下（Graham & Kelly, 2000）：

- 向家長介紹閱讀過程（如用錄影帶示範、介紹圖書或製作小冊子說明）。
- 保持家長的興趣和關心。
- 共讀時間不要太長，除非孩子要求。
- 適時停下，聽孩子閱讀並予以鼓勵。
- 鼓勵家長記下想法和觀察。
- 與家長交換引導讀寫的意見和經驗。

在圖書資源的擴充及社區閱讀的推動方面，老師可以協助：

建立教室圖書館和安排相關活動

對於父母無法買書，或沒時間帶孩子去圖書館借書，老師可在教室成立一個小型圖書館，讓父母可以每天借書回家唸給孩子聽；或在接送孩子上下學時，多在教室停留一會兒為孩子讀教室中的書。一個班級如果平均有二十個孩子，則需要至少五十本書可供交換輪流借閱。曾有老師為孩子準備內容豐富的「書袋」（Vukelich et al., 2002），書袋外面貼一張表，說明內涵的書目清單、注意事項或延伸活動等。袋內平均有依主題、作者或類別來分類的五到七本書、一本給父母看的有關教學哲學或讀寫理論的書，及一本鼓勵孩子回應的筆記本；孩子回應的形式可以是自由畫、仿寫或注音（圖 16-5），如暫不回應也可以。另外，準備一份檢核表，每週請義工家長協助檢查圖書的收回和輪流情形，以便通知或提醒借還書。

♥ 圖 16-5　幼兒閱讀後的回應

　　老師先寫信給家長說明運作方式，大約在開學一個月後就可以開始推動；在某一天發書袋給幼兒，下星期同一時間收回，這讓即使家務繁重的父母也有足夠時間為孩子閱讀。發放時老師可將所有書袋散布地上，先簡單介紹其中幾本圖書，讓孩子選擇喜歡的帶回家。學校也可另外辦理家長讀書會，提供閱讀書單（圖 16-6），以帶動和提升家長們的身教與讀書習慣。有些學校在積極推動親子共讀時，發現有些家長可能會過度期望，或擔心自己做得不夠好而無法協助子女（孔員，2006）；孩子如不符期望而受責，會喪失興趣，產生焦慮，造成彼此緊張，因此雙方都需要鼓勵和支持，父母也應放鬆心情來學習。

♥圖 16-6　家長讀書會的推荐圖書

結合社區為孩子閱讀

　　教室之外，仍有許多可提供兒童讀寫協助及課程需要的資源，學校與社區也可互為資源，例如邀請社區專業人士到教室來為孩子讀書、帶領活動，或現身說法讀寫與其職業工作的關係等，讓孩子發現各種工作都與讀寫有關。另外，也可邀家長或義工到教室讀故事、帶活動，尤以退休教師（圖 16-7）、社區人士（圖 16-8）最適當。

♥ 圖 16-7　退休教師到班上帶領讀寫相關活動

♥ 圖 16-8　社區大學生為幼兒閱讀

　　幼兒在學校閱讀文學，其實是家庭中最初始讀寫活動的延伸，在學習的路上相伴，父母實有著不容忽視的重要性；但他們也需要了解怎麼做，在理念和做法上不斷修正加強。家園同心，幼兒才能獲得良好的學習，親子共讀正是此一工程的基石。

參考文獻

中文部分

孔員（2006）。**幼稚園親子共讀研究**。屏東教育大學幼兒教育碩士班碩士論文，未出版，屏東。

方淑貞（2003）。**FUN 的教學：圖畫書與語文教學**。台北：心理。

吳敏而（2005）。**可預測讀物——閱讀的啟蒙教材**。載於台灣小學語文教育學會、朗智思維科技主辦之「拉大語文課程的框架——可預測讀物研討會」，台北。

宋珮（譯）（2006）。J. Doonan 著。**觀賞圖畫書中的圖畫**（Looking at pictures in picture books）。台北：雄獅美術。

李連珠（2006）。**全語言教育**。台北：心理。

沙永玲、麥奇美、麥倩宜（譯）（2002）。J. Trelease 著。**朗讀手冊**（The read aloud handbook）。台北：小魯。

沈佳蓉（2006）。**圖畫故事書欣賞與拼貼教學之研究——以三位插畫家為例**。屏東教育大學幼教所碩士論文，未出版，屏東。

谷瑞勉（譯）（1999）。L. E. Berk & A. Winsler 著。**鷹架兒童的學習——維高斯基與幼兒教育**（Scaffolding children's learning: Vygotsky and early childhood education）。台北：心理。

谷瑞勉（譯）（2001）。L. Dixon-Krauss 著。**教室中的維高斯基——仲介的讀寫教學與評量**（Vygotsky in the classroom: Mediated literacy instruction and assessment）。台北：心理。

谷瑞勉（2004）。幼兒讀寫教育：從注音教學到文學應用。**幼兒保育學刊**，

2，1-18。

谷瑞勉（譯）（2004）。L. B. Gambrell & J. F. Almasi 著。**鮮活的討論——培養專注的閱讀**（Lively discussions! Fostering engaged reading）。台北：心理。

谷瑞勉（2005）。關心社會公義太沉重？——幼兒文學中的批判讀寫。載於國立屏東教育大學舉辦之「**幼兒文學的玫瑰園——幼兒文學的後設議題」論文集**（頁4-17），屏東。

谷瑞勉、林美華（2006）。社會議題類圖畫書與幼稚園中的批判讀寫教學。**兒童文學學刊，16**，167-192。

周小玉（譯）（2001）。K. Warren 著。**戲劇抱抱**（Hooked on drama: The theory and practice of drama in early childhood）。台北：成長基金會。

幸佳慧（2000）。兒童圖畫故事書的藝術散步——藝術風格介紹。**美育雙月刊，113**，19-30。

林文韵（2004）。「文學圈」的理論與實務——以教師成長課程的設計為例。**教育研究月刊，126**，33-45。

林文韵（2006）。可預測書的理論基礎與運用。**教育研究月刊，142**，125-137。

林玫君（2005）。**創造性戲劇之理論與實務**。台北：心理。

林敏宜（2000）。**圖畫書的欣賞與應用**。台北：心理。

柯華葳（2009）。**培養 Super 小讀者**。台北：天下雜誌。

胡寶林（1986）。**繪畫與視覺想像力**。台北：遠流。

徐素霞（2002）。**台灣兒童圖畫書導賞**。台北：國立台灣藝術教育館。

郝廣才（2006）。**好繪本如何好**。台北：格林。

張秀娟（2004）。**圖畫書導賞教學對幼兒創造力影響之研究**。朝陽科技大學幼兒保育研究所碩士論文，未出版，台中。

張湘君（1992）。讀者反應理論及其對兒童文學教育的啟示。**東師語文學刊，6**，285-308。

張曉華（2004）。**教育戲劇理論與發展**。台北：心理。

陳仁富（2007）。教育戲劇課程設計初探。**教育研究月刊，161**，76-88。

陳宏淑（譯）（2006）。M. Hamilton & M. Weiss 著。**教孩子說故事——說故事於課堂上之運用**（Children tell stories）。台北：東西。

陳淑琴（譯）（2005）。J. A. Schickedanz 著。**遠遠多於ABC：談早期讀寫的萌發**（Much more than the ABCs: The early stages of reading and writing）。台北：信誼。

陳朝平、黃壬來（1995）。**國小美勞教材教法**。台北：桂冠。

彭懿（2006）。**遇上圖畫書百年經典**。台北：信誼。

黃瑞琴（1997）。**幼兒的語文經驗**。台北：心理。

葛琦霞（2002）。**好戲上場囉！教室 vs. 劇場**。台北：信誼。

劉家華（2008）。**戲劇教學中教師問話技巧之探究**。台南大學戲劇創作與應用學系碩士論文，未出版，台南。

劉純芬（譯）（2005）。J. O'Toole & J. Dunn 原著。**假戲真做，做中學！以戲劇做為教學工具，幫助幼兒有效進入主題學習**（Pretending to learn-helping children learn through drama）。台北：成長基金會。

蔡敏玲、彭海燕（譯）（1998）。C. B. Cazden 著。**教室言談：教與學的語言**（Classroom discourse: The language of teaching and learning）。台北：心理。

鄭明進等（1996）。**認識兒童讀物插畫**。台北：天衛。

鄭淑芬（2003）。**圖畫書閱讀活動探究——以東師實小四年級美術班學童為例**。國立嘉義大學幼兒教育學系碩士論文，未出版，嘉義。

鄭黛瓊（譯）（1999）。N. Morgan & J. Saxton 著。**戲劇教學：啟動多彩的心**（Teaching drama: A mind of many wonders）。台北：心理。

謝鴻文（2009）。圖畫書改編故事書劇場的應用策略——以「野獸國」為例。論文發表於屏東教育大學之**「幼兒／文學／戲劇／以戲劇為鷹架的學習」論文集**（頁 197-216），屏東。

羅雅芬等譯（2003）。C. Edwards, L. Gandini & G. Forman 著。**兒童的一百種語文**（The hundred languages of children: The Reggio Emilia approach-advanced reflections）。台北：心理。

蘇振明（1998）。認識兒童讀物插畫及其教育性。**美育月刊，91**，1-10。

蘇振明（2002）。**台灣兒童畫導賞**。台北：國立台灣藝術教育館。

英文部分

Allen, J., Giard, M., & Kristo, J. (1991). Read aloud: Prime time instruction. *New England Reading Association Journal, 27,* 2-13.

Altwerger, B., & Flores, B. (1991). *The theme cycle: An overview.* Santa Rosa, CA: Macmillan.

Apol, L. (1998). "But what does this have to do with kids?" Literary theory in children's literature in the children's literature classroom. *Journal of Children's Literature, 24*(2), 32-46.

Applebee, A. N. (1997). Rethinking curriculum in the English language arts. *English Journal, 86*(3), 25-31.

Ashton-Warner, S. (1963). *Teacher.* NY: Simon & Schuster.

Atwell, N. (1990). *In the middle: Writing, reading, and learning with adolescents.* Portsmouth, NH: Heinemann.

Au, K. H., Carroll, J. H., & Scheu, J. A. (2001). *Balanced literacy instruction: A teacher's resource book* (2nd ed.). Norwood, MA: Christopher-Gordon.

Ballentine, D., & Hill, L. (2000). Teaching beyond once upon a time. *Language Arts, 78,* 11-20.

Bargiel, S., Beck, C., Koblitz, D., O'Connor, A., Pierce, K. M., & Wolf, S. (1997). Bring life issues into the classroom (Talking about books). *Language Arts, 74,* 482-490.

Bishop, R. S. (1987). Extending multicultural understanding through children's book.

In B. E. Cullinan (Ed.), *Children's literature in the reading program* (pp. 60-67). Newark, DE: IRA.

Bissex, G. (1980). *Gyns at work: A child learns to read and write.* Cambridge, MA: Harvard University Press.

Boutte, G. S. (2002). The critical literacy process: Guidelines for examining books. *Childhood Education, 78,* 147-152.

Britton, J. (1970). *Language and learning.* NY: Penguin.

Brofenbrenner, U. (1979). *The ecology of human development: Experiments by nature and design.* Cambridge: Harvard University Press.

Bromley, K. (1991). *Webbing with literature: Creating strong maps with children's books.* Boston, MA: Allyn & Bacon.

Bromley, K. (1995). Enriching response to literature with webbing. In N. L. Roser & M. G. Martinez (Eds.), *Book talk and beyond: Children and teachers respond to literature* (pp. 90-101). Newark, DE: IRA.

Bruner, J. (1990). *Acts of meaning.* Cambridge, MA: Harvard University Press.

Burns, B. (1999). *The mindful school: How to teach balanced reading and writing.* Palatine, IL: Sky Light Training and Publishing Inc.

Calkins, L. (1986). *The art of teaching writing.* Portsmouth, NH: Heinemann.

Calkins, L., & Harwayne, S. (1991). *Living between the lines.* Portsmouth, NH: Heinemann.

Cambourne, B. (1987). Language, learning and literacy. In A. Butler & J. Turbill (Eds.), *Toward a reading-writing classroom.* Portsmouth, NH: Heinemann.

Cianciolo, J. P. (1992). Responding to literature as a work of art: An aesthetic literary experience. *Language Arts, 59,* 259-264.

Ciardiello, A. V. (2004). Democracy's young heroes: An instructional model of critical literacy practices. *The Reading Teacher, 58*(2), 138-147.

Clausen, C. (1995). A delightful journey: Literature circles in first grade. In B. C.

Hill, N. J. Johnson & K. L. S. Noe (Eds.), *Literature circles and responses* (pp. 13-25). Norwood, MA: Christopher- Gordon.

Clay, M. M. (1969). Reading errors and self-correction behavior. *British Journal of Educational Psychology, 39,* 47-56.

Clay, M. M. (1975). *What did I write?* Auckland, NZ: Heinemann.

Clay, M. M. (1979a). *The early detection of reading difficulties: A diagnostic survey and reading recovery procedures.* Auckland: Heinemann Educational Books.

Clay, M. M. (1979b). *Concepts about print.* Portsmouth, NH: Heinemann.

Clay, M. M. (1985). *The early detection of reading difficulties.* (3rd ed). Exeter, NH: Heinemann.

Clay, M. M. (1998). *By different paths to common outcomes.* York, ME: Stenhouse.

Clipson-Boyles, S. (1999). The role of drama in the literate classroom. In P. Goodwin (Ed.), *Literate classroom.* London: David Fulton Publishers.

Cochran-Smith, M. (1984). *The making of a reader.* Norwood, NJ: Ablex.

Collins, C. (1998). Teaching the language arts: Expanding thinking through student-centered instruction. NY: Allyn and Bacon.

Comber, B. (2001). Negotiating critical literacies. *School Talk, 6*(3), 1-3.

Cooney, B. (1988). *Island boy.* NY: Viking.

Cox, C. (1994, April). *Young children's response to literature: A longitudinal study, K-3.* Paper presented at the American Educational Research Association. New Orleans, LA.

Cox, C. (1997). Literature-based teaching: A student response-centered classroom. In N. J. Karolides (Ed.), *Reader response in elementary classroom: Quest and discovery* (pp. 29-49). Mahwah, NJ: Lawrence Erlbaum Associates.

Creighton, D. C. (1997). Critical literacy in the elementary classroom. *Language Arts, 74,* 438-445.

Cullinan, B. E. (1989). *Literature and the child* (2nd ed). Orlando, FL: Harcourt

Brace Jovanovich.

Cullinan, B. E. (Ed.). (1992). *Invitation to read: More children's literature in the reading program.* Newark, DE: IRA.

Cunningham, P. (1995). *Phonics they use: Words for reading and writing* (2nd ed). NY: Harper Collins.

Danniels, H. (1994). *Literature circles: Voice and choice in the student-centered classroom.* York: Stenhouse.

Daniels, H., & Steineke, N. (2004). *Mini-lessons for literature circles.* Portsmouth, NH: Heinemann.

Duke, N. K. (2003). Reading to learn form the very beginning: Information books in early childhood. *Young Children,* 14-20.

Duke, N. K., & Bennett-Armistead, S. (2003). *Reading and writing informational text in the primary grades- research-based practices.* NY: Scholastic.

Dunn, J. (2009). The power of drama: Planning for drama and play with picture books。論文發表於屏東教育大學舉辦之「幼兒／文學／戲劇／以戲劇為鷹架的學習」會議論文集（頁 23-33），屏東。

Edmiston, B. (1993). Going up the beanstalk: Discovering giant possibilities for responding to literature through drama. In K. E. Holland, R. A. Hungerford & S. B. Ernst (Eds.), *Journeying: Children responding to literature* (pp. 250-266). Portsmouth, NH: Heinemann.

Edmiston, B., Enciso, P., & King, M. (1987). Empowering readers and writers through drama. *Language Arts, 64,* 219-229.

Eeds, M., & Wells, D. (1989). Grand conversations: An exploration of meaning construction in literature study groups. *Research in the Teaching of English, 23,* 4-29.

Eldredge, J. L., & Butterfield, D. (1986). Alternatives to traditional reading instruction. *The Reading Teacher, 40,* 32-37.

Evans, R. W., Avery, P. G., & Pederson, P. V. (1999). Taboo topics: Cultural restraint on teaching social issues. *The Social Studies, 90,* 218-224.

Fein, G., Ardila-Rey, A., & Groth, L. (2000). The narrative connection: Stories and literacy. In K. Roskos & J. Christie (Eds.), *Play and literacy in early childhood: Research from multiple perspectives.* Mahwah, NJ: Lawrence Erlbaum.

Fielding, L. G., Wilson, P. T., & Anderson, R. C. (1986). A new focus on free reading: The role of trade books in reading instruction. In T. D. Raphael (ED.), *The contexts of school-based literacy* (pp. 149-160). NY: Random House.

Filipenko, M. (2004). Constructing knowledge about and with informational text: Implications for teacher-librarians working with young children. *School Libraries Worldwide, 10*(1/2), 21-36.

Fish, S. (1980). *Is there a text in this class? The authority of interpretive communities.* Cambridge, MA: Harvard University Press.

Fisher, B., & Medvic, E. F. (2000). *Perspectives on shared reading: Planning and practice.* Portsmouth, NH: Heinemann.

Freire, P. (1987). *Pedagogy of the oppressed.* NY: Herder & Herder.

Fresch, M. J. (1991). *Becoming an independent reader: Self-selected texts and literacy events in a whole language classroom.* Unpublished doctoral dissertation, The Ohio State University, Columbus.

Froese, V. (Ed.). (1994). *Whole language practice and theory* (2nd ed.). Canada: Allyn and Bacon.

Frohardt, D. C. (1999). *Teaching art with books kids love: Art elements, appreciation, and design with award-wining books.* Colorado: Fulcrum.

Galda, L., & Cullinan, B. E. (1991). Literature for literacy: What research says about the benefits of using trade books in the classroom. In J. Flood, J. Jensen, D. Lapp & J. R. Squire (Eds.), *Handbook of research on teaching the English language arts.* NY: Macmillan.

Galda, L., Cullinan, B. E., & Strickland, D. S. (1997). *Language, literacy, and the child* (2nd ed.). NY: Harcourt Brace.

Galda, L., & West, J. (1995). Exploring literature through drama. In N. C. Roser & M. G. Martinez (Eds.), *Book talk and beyond: Children and teachers respond to literature* (pp. 183-190). Newark, DE: IRA.

Galda, L., & Strickland, D. S. (1997). *Language, literacy, and the child* (2nd ed.). NY: Harcourt Brace.

Galda, L., Rayburn, S., & Stanzi, L. C. (2000). *Looking through the faraway end: Creating a literature-based reading curriculum with second graders.* Newark, DE: IRA.

Gallo, O. R. (1994). Censorship of young adult literature. In J. S. Simmons (Ed.), *Censorship, a threat to reading, learning and thinking* (pp. 115-122). Newark, DE: IRA.

Geddes, L. M. (1992). *Journal as part of the learning process.* Paper presented at the 78th Annual meeting of the speech communication association., at Chicago, Illinois. (ED 354 520).

Gee, J. P. (1996). *Social linguistics and literacies: Ideology in discourses* (2nd ed.). London: Routledge.

Goffman, E. (1974). *Frame analysis.* NY: Harper & Row.

Gombrich, E. H. (1982). *The image and the eye: Further studies in the psychology of pictorial representation.* Ithaca, NY: Cornell University Press.

Goodman, K. S. (1967). Reading: A psycholinguistic guessing game. *Journal of the Reading Specialist, 6*(4), 126-135.

Goodman, K. S. (1973). *Miscue analysis: Application to reading instruction.* Urbana, IL: NCTE.

Goodman, Y. (Ed.). (1990). *How children construct literacy: Piagetian perspectives.* Newark, DE: IRA.

Graham, J., & Kelly, A. (Eds.) (2000). *Reading under control: Teaching reading in the primary school* (2nd ed.). London: David Fulton.

Graves, D. H. (1983). *Writing: Teachers and children at work.* Portsmouth, NH: Heinemann.

Halliday, M. (1985). *Three aspects of children's language development: Learn language, learn about language, learn through language.* Unpublished manuscript, University of Sydney, Australia.

Handloff, E., & Golden, J. M (1995). Writing as a way of "getting to" what you think and feel about a story. In N. C. Roser & M. G. Martinez (Eds.), *Book talk and beyond: Children and teachers respond to literature* (pp. 201-207). Newark, DE: IRA.

Hansen, J. (1987). *When writers read.* Portsmouth, NH: Heinemann.

Hardy, B. (1978). Narrative as a primary act of mind. In M. Meek, A. Warlow & G. Barton (Eds.), *The cool web: The pattern of children's reading* (pp. 12-23). NY: Atheneum.

Harste, J. C. (2001). The Halliday Plus Model in K. Egawa and J. Harste, Balancing the literacy curriculum: A new vision. *School Talk, 7*(1), p. 2.

Harste, J. C., Breau, A., Leland, C., Lewison, M., Ociepka, A., & Vasquez, V. (2000). Supporting critical conversations in classrooms. In K. M. Pierce (Ed.), *Adventuring with books: A booklist for pre-K-grade 6* (12th ed) (pp. 506-554). Urbana, IL: NCTE.

Harste, J. C., Short, K., & Burke, C. L. (1988). *Creating classroom for authors: The reading-writing connection.* Portsmouth, NH: Heinemann.

Harste, J. C., Woodward, V. A., & Burke, C. L. (1984). *Language stories and literary lessons.* Portsmouth, NH: Heinemann.

Hart, S., Escobar, D., & Jacobson, S. C. (2001). The rocky road to grand conversations: Learning how to facilitate literature-discussion groups in fourth grade. In C. P. Pappas & L. B. Zecker (Eds.), *Transforming literacy curriculum genres: Looking with teacher researchers in urban classrooms* (pp. 307-333). Newark, NJ: LEA.

Harvey, D., & Steineke, N. (2004). *Mini-lessons for literature circles.* Portsmouth, NH: Heinemann.

Harvey, S. (2002). Nonfiction inquiry: Using reading and writing to explore the world. *Language Arts, 80*(1), 12-22.

Heath, S, B. (1983). *Ways with words: Language, life, and work in communities and classrooms.* MA: Cambridge University Press.

Heathcote, D. (1984). *Dorothy Heathcote: Collected writings on drama and education.* London: Hutchinson.

Hepler, S. I., & Hickman, J. G. (1982). The book was okay, I love you—social aspects of response to literature. *Theory into Practice, 21*(4), 278-283.

Hickman, J. (1981). A new perspective on response to literature: Research in an elementary school setting. *Research in the Teaching of English, 15,* 343-354.

Hickman, J. (1995). Not by chance: creating classrooms that invite responses to literature In N. L. Roser & M. G. Martinez (Eds.), *Book talk and beyond: Children and teachers respond to literature* (pp. 3-9). Newark, DE: IRA.

Hill, B. C., Johnson, N. J., & Noe, K. L. S. (1995). *Literature circles and response.* Norwood, MA: Christopher-Gordon.

Hoffman, J. V. (1992). Critical reading/thinking across the curriculum: Using I – charts to support learning. *Language Arts, 69,* 121-127.

Holdaway, D. (1979). *The foundations of literacy.* Auckland, NZ: Ashton scholastic.

Holdaway, D. (1984). *Stability and change in literacy learning.* Exeter, NH: Heinemann.

Holt, B. G., Ives, W., Levedi, B. L., & von Hippel, C. S. (1983). *Getting involved: Your child and science.* Washington, DC: U. S. Department of Health and

Human Service.

Hoyt, L (2002). *Make it real: Strategies for success with informational texts.* London: Heinemann.

Isaacs, J. A., & Brodine, J. S. (1994). *Journals in the classroom: A complete guide for the elementary teacher.* Winnipeg, Canada: Peguis.

Jacque, D. G. (1993). The judge comes to kindergarten. In K. E. Holland, R. A. Hungerford & S. B. Ernst (Eds.), *Journeying: Children responding to literature* (pp. 43-53). Portsmouth, NH: Heinemann.

Johnson, D. W., & Johnson R. T. (1987). *Learning together and alone: Cooperative, competitive and individualistic.* Englewood Cliffs, NJ: Prentice Hall.

Johnson, T. D., & Louis, D. R. (1987). *Literacy through literature.* Portsmouth, NH: Heinemann.

Karnowski, L. (1997). Reconsidering teachers' roles and procedures: Developing dialoguing skills. In N. J. Karolides (Ed.), *Reader response in elementary classrooms: Quest and discovery* (pp. 301-313). Mahwah, NJ: Lawrence Erlbaum Associates.

Kiefer, B. Z. (1993). Children's responses to picture books: A developmental perspective. In K. E. Holland, R. A. Hungerford & S. B. Ernst (Eds.), *Journeying: Children responding to literature* (pp. 267-283). Portsmouth, NH: Heinemann.

Kiefer, B. Z. (1995a). Responding to literature as art in picture books. In N. C. Roser & M. G. Martinez (Eds.), *Book talk and beyond: Children and teachers respond to literature* (pp. 191-200). Newark, DE: IRA.

Kiefer, B. Z. (1995b). *The potential of picture books: From visual literacy to aesthetic understanding.* Englewood Cliffs, NJ: Prentice-Hall.

Kletzien, S. B., & Dreher, M. J. (2005). *Informational text in k-3 classrooms: Helping children read and write.* Newark, DE: IRA.

Kristo, J. V. (1993). Reading aloud in a primary classroom: Reaching and teaching young readers. In K. E. Holland, R. A. Hungerford & S. B. Ernst (Eds.), *Journeying: Children responding to literature* (pp. 54-71). Portsmouth, NH: Heinemann.

Lamma, L. L. (1985). *Growing up reading.* Washington, DC: Acropolis Books.

Langer, J. (1994). A response-based approach to reading literature. *Language Arts, 71,* 203-211.

Langer, S. K. (1953). *Feeling and form.* NY: Scribner.

Lehr, S. S. (1991). *The child's developing sense of theme: Responses to literature.* NY: Teachers college press.

Lewison, M., Flint, A. S., & Sluys, K. V. (2002). Taking on critical literacy: The journey of newcomers and novices. *Language Arts, 79*(5), 382-392.

Lewison, M., Leland, C., Flint, A. S., & Moller, K. J. (2002). Dangerous discourses: Using controversial books to support engagement, diversity, and democracy. *The New Advocate, 15*(3), 215-226.

Lionetti, J. (1992). An author study: Tomie dePaola. In B. E. Cullinan (Ed.), *Invitation to read: More children's literature in the reading program* (pp. 64-71). Newark, DE: IRA.

Luke, A., & Freebody, P. (1997). Shaping the social practices of reading. In S. Muspratt, A. Luke & P. Freebody. (Eds.), *Constructing critical literacies* (pp. 185-225). Cresskill, NJ: Hampton Press.

Marantz, K. (1983). The picture book as art object: A call for balanced reviewing. In R. Bator (Ed.), *Signposts to criticism of children's literature* (pp. 152-155). Chicago, IL: southern Illinois University Press.

Marriott, S. (1991). *Picture books in the primary classroom.* London: Paul Chapman.

McCarrier, A., Pinnell, G. S., & Fountas, I. (2000). *Interactive writing: How language and literacy come together, K-2.* Portsmouth, NH: Heinemann.

Mcdaniel, C. (2004). Critical literacy: A questioning stance and the possibility for change. *The Reading Teacher, 57*(5), 472-481.

McGee, L. M. (1995). Talking about books with young children. In N. L. Roser & M. G. Martinez (Eds.), *Book talk and beyond: Children and teachers respond to literature* (pp. 105-115). Newark, DE: IRA.

Moffett, J., & Wagner, B. J. (1983). *Student-centered language arts and reading, K-13: A handbook for teachers.* NY: Houghton Mifflin.

Morrow, L. (2002). *The literacy center: Contexts for reading and writing* (2nd ed.). Maine: Stenhouse.

Morrow, L., & Tracey, D. (1997). Strategies used for phonics instruction in early childhood classrooms. *The Reading Teacher, 50,* 644-651.

Moss, B. (2003). *Exploring the literature of fact-children's nonfiction trade books in the elementary classroom.* NY: Guilford Press.

Moss, J. F. (1984). *Focus units in literature: A handbook for elementary school teachers.* Urbana, IL: NCTE.

Moss, J. F. (1995). Preparing focus units with literature: Crafty foxes and authors' craft. In N. L. Roser & M. G. Martinez (Eds.), *Book talk and beyond: Children and teachers respond to literature* (pp. 53-65). Newark, DE: IRA.

National Education Goals Panel (1997). *NEGP Weekly, 3*(22), The Update on America's National educational Goals. www.negp.gov.

Neuman, S., & Roskos, K. (1991). The influence of literacy-enriched play centers on preschoolers' conceptions of the functions of print. In J. Christie (Ed.), *Play and early literacy development* (pp. 167-87). Albany, NY: State University of New York Press..

Norton, D. E. (1992). *The impact of literature-based reading.* NY: Macmillan. Ogle, D. (1986). The K-W-L: A teaching model that develops active reading of expository text. *The Reading Teacher, 39*(6), 564-570.

Ogle, D. (1986). K-W-L: A teaching model that develops active reading of expository text. *The Reading Teacher, 40,* 564-570.

Paley, V. G. (1981). *Wally's stories.* Cambridge, MA: Harvard University Press.

Paley, V. G. (1986). *Mollie is three.* Chicago: University of Chicago Press.

Paley, V. G. (1990). *The boy who would be a helicopter: The use of storytelling in the classroom.* Cambridge, MA: Harvard University Press.

Palincsar, A, S., & Brown, A, L. (1984). Reciprocal teaching of comprehension-fostering and monitoring activities. *Cognition and Instruction, 1,* 117-175

Palmer, R. G., & Stewart, R. A. (2005). Models for using nonfiction in the primary grades. *The Reading Teacher, 58*(5), 426-434.

Pellegrini, A. D. (1984). Symbolic functioning and children's early writing: The relations between kindergartners' play and isolated word-writing fluency. In R. Beach & L. S. Bridwell (Eds.), *New directions in composition research* (pp. 274-283). NY: Guilford.

Peterson, B. (1989). Enriching your literature resources. In J. Hickman & R. E. Cullinan (Eds.), *Children's literature in the classroom: Weaving charlotte's web* (pp. 239-250). Norwood, MA: Christopher-Gordon.

Peterson, R. (1992). *Life in a crowded place.* Portsmouth, NH: Heinemann.

Peterson, R., & Eeds, M. (1990). *Grand conversations: Literature groups in action.* NY: Scholastic.

Powell, D., & Hornsby, D. (1993). *Learning phonics and spelling in a whole language classroom.* NY: Scholastic.

Raines, S., & Isbell, R. (1994). *Stories: Children's literature in early education.* Albany, NY: Delmar.

Raphael, T. E. (1995). Promoting meaningful conversations in student book clubs. In N. C. Roser & M. G. Martinez (Eds.), *Book talk and beyond: Children and teachers respond to literature* (pp. 66-79). Newark, DE: IRA.

Raphael, T. E., & Au, K. H. (1998). *Literature-based instruction: Reshaping the curriculum.* Norwood, MA: Christopher-Gordon.

Raphael, T. E., Pardo, L. S., & Highfield, K. (2002). *Book club: A literature-based curriculum* (2nd ed). Lawrence, MA: Small Planet Communications, Inc.

Riehgels, D. J. (2002). Informational text in kindergarten. *The Reading Teacher, 55* (6), 586-595.

Rog, L. J. (2001). *Early literacy instruction in kindergarten.* Newark, DE: IRA.

Rosen, H., & Rosen, C. (1973). *The language of primary school children.* London: Penguin.

Rosenblatt, L. (1978). *The reader, the text, the poem: The transactional theory of the literary work.* Carbondale: Southern Illinois University Press.

Rosenblatt, L. M. (1993a). The literacy transaction: Evocation and response. In K. E. Holland, R. A. Hungerford & S. B. Ernst (Eds.), *Journeying: Children responding to literature* (pp. 6-23). Portsmouth, NH: Heinemann.

Rosenblatt, L. M. (1993b). The transactional theory of reading and writing. In R. Ruddell & H. Singer (Eds.), *Theoretical models and process of reading* (pp. 1057-1092). Newark, DE: IRA.

Roser, N. C., & Martinez, M. G. (Eds.) (1995), *Book talk and beyond: Children and teachers respond to literature.* Newark, DE: IRA.

Savage, J. F. (1994). *Teaching reading using literature.* Madison, Wisconsin: Brown & Benchmark.

Shannon, P. (1995). *Text, lies and videotape: Stories about life, literacy and learning.* Portsmoutn, NH: Heinemann.

Short, K. G. (1995). Foreword. In B. Campbell Hill, N. J. Johnson & K. L. Schlick Noe (Eds.), *Literature circles and response* (pp. ix-xii). Norwood, MA: Christopher- Gordon.

Short, K. G. (1997). *Literature as a way of knowing.* NY: Stenhouse.

Short, K. G., & Burke, C. (1988). *Creating curriculum.* Portsmouth, NH: Heinemann.

Short, K. G., & Kauffman, G. (1995). "So what do I do?" The role of the teacher in literature circles. In N. C. Roser & M. G. Martinez (Eds.), *Book talk and beyond: Children and teachers respond to literature.* Newark, DE: IRA.

Simpson, J. (1999). *The reading resource book.* Humanics Ltd.

Slaughter, J. P. (1993). *Beyond storybooks: Young children and the shared book experience.* Newark, DE: IRA.

Slavin, R. E. (1990). *Cooperative learning: Theory, research and practice.* Englewood Cliffs, NJ：Prentice Hay.

Sloan, G. D. (1991). *The child as critic: Teaching literature in elementary and middle schools.* NY: Teachers College.

Smerdon, G. (1976). Children's preferences in illustration. *Children's Literature in Education, 20,* 97-131.

Smith, F. (1983). *Essay into literacy.* Portsmouth, NH: Heinemann.

Smith, P. (1988). A fresh start with a reception class. In J. Hancock & S. Hill (Eds.), *Literature-based reading programs at work* (pp. 23-33). Richmond Hill, Ontario: Scholastic.

Snow, C. E. (1983). Literacy and language: Relationships during the preschool years. *Harvard Educational Review, 53*(2), 165-189.

Snow, C. E. (1999). Social perspectives on the emergency of language. In B. Mac Whiney (Ed.), *The emergence of language* (pp. 257-276). NY: Routledge.

Soalt, J. (2005). Bringing together fictional and informational texts to improve comprehension. *International Reading Association, 680-683.*

Sorensen, M. R. (1995). Support groups for literature-based teaching. In M. R. Sorensen & B. A. Lehman (Eds.), *Teaching with children's books: Paths to literature-based instruction* (pp. 260-264). Urbana, IL: NCTE.

Sorensen, M. R., & Lehman, B. A. (1995). *Teaching with children's books: Paths to*

literature-based instruction. Urbana, IL: NCTE.

Stickland, D. S., & Morrow, L. M. (1989). *Emerging literacy: Young children learn to read and write.* Newark, DE: IRA.

Stickland, D., & Morrow, L. (1990). Family literacy: Sharing good books. *The Reading Teacher, 43*(7), 518-519.

Strube, P. (1993). *Theme studies: A practical guide.* NY: Scholastic.

Sulzby, E., & Barnhart, J. (1990). The developing kindergartner: All our children emerge as writers and readers. In J. S. McKee (Ed.), *The developing kindergarten: Programs, children, and teachers* (pp. 169-189). Michigan Association for the Education of Young Children.

Swick, K. (1991). *First: A rural teacher-parent partnership for school success.* Columbia, SC: U. S. Office of Education.

Taberski, S. (2000). *On solid ground-strategies for teaching reading K-3.* Portsmouth, NH: Heinemann.

Tankersley, L. (2003). *The threads of reading: Strategies for literacy development.* Alexandria, VA: Association for Supervision and Curriculum Development.

Taylor, D. (1983). *Family literacy: Young children learning to read and write.* Portsmouth, NH: Heinemann.

Teale, W. (1990). Emergent literacy: New perspectives. In D. S. Stickland & L. M. Morrow (Eds.), *Emergent literacy: Young children learn to read and write.* Newark, DE: IRA.

Teale, W. H., & Sulzby, E. (Eds.) (1986). *Emergent literacy: Writing and reading.* Norwood, NJ: Ablex.

Tharp, R. (1982). The effective instruction of comprehension: Results and description of the Kamehameha Early Education Program. *Reading Research Quarterly, 17,* 503-527.

Tompkins, G., & Hoskisson, K. (1991). *Language arts: Context and teaching strategies.* NY: Macmillan.

Tompkins, G., & McGee, L. (1993). *Teaching reading with literature: Case studies to action plans.* NY: Merrill.

Vasquez, V. M. (2004). *Negotiating critical literacies with young children.* Mahwah, NJ: Lawrence Erlbaum.

Veatch, J. (1986). *Whole language in the kindergarten.* Tempe, AZ: Jan V Productions.

Vukelich, C., Christie, J., & Enz, B. (2002). *Helping young children learn language and literacy.* NY: Allyn & Bacon.

Vygotsky. L. (1978). *Mind in society* (Trans M. Cole). Cambridge, MA: Harvard University Press.

Walker, C., Kragler, S., Martin, L., & Arnett, A. (2003). Facilitating the use of informational texts in a 1st-Grade Classroom. *Childhood Education, 79*(3), 10-16.

Weaver, C. (1980). *Psycholinguistics and reading: From process to practice.* Boston, MA: Little, Brown, and Co.

Weaver, C. (1998). *Reconsidering a balanced approach to reading.* Urbana, IL: NCTE.

Wells, D. P. (1995). Leading grand conversations. In N. C. Roser & M. G. Martinez (Eds.), *Book talk and beyond: Children and teachers respond to literature.* (pp. 132-139). Newark, DE: IRA.

Wells, G. (1986). *The meaning makers: Children learning language and using language to learn.* Portsmouth, NH: Heinemann.

Whitehead, M. (1999). *Supporting language and literacy development in the early years.* Philadelphia: Open University Press.

Wilcox, C. (1993). *Portfolios: Finding a focus.* Papers in Literacy Series. Durham, NH: The Writing Lab.

Winston, J. (2009). Drama in education: A pedagogy for language, creativity and moral development in the early years. 論文發表於屏東教育大學舉辦之「幼兒／文學／戲劇／以戲劇為鷹架的學習」會議論文集（頁13-21），屏東。

Worowitz, R., & Freeman, S. (1995). Robots versus spaceships: The role of discussion in kindergartners' and second graders' preferences for science text. *The Reading Teacher, 49*(1), 30-39.

Wray, D. (1985). *Teaching information skills through project work.* Sevenoaks: Hodder & Stoughton.

Wray, D., & Lewis, M. (1997). *Extending literacy: Children reading and writing non-fiction.* London: Routledge.

Yaden, D. B., Rowe, E. D. W., & MacGillivray, L. (1999). *Emergent literacy: A polyphony of perspective.* CIERA Report no. 1-005, University of Michigan: Ann Arbor.

Yopp, R. H., & Yopp, H. K. (2006). Informational texts as read-aloud at school and home. *Journal of Literacy Research, 38*(1), 37-51.

幼兒文學參考資料

Amazing Grace（1991）。Caroline Binch 文，Mary Hoffman 圖，France Lincoln Children's Books。

Guji Guji（2003）。陳致元文／圖。信誼。

Quick as a cricket（1993）。Wood Don 文，Wood Audrey 圖。Toronto, ON: Child's Play。

Tar beach（1991）。Faith Ringgold 文／圖。Scholastic, Inc.。

《七隻瞎老鼠》（1994）。艾德楊文／圖，馬景賢譯。台灣英文。

《又高又醜的莎拉》（1998）。佩特莉霞麥拉克倫文／圖，林良譯。三之三。

《三角湧的梅樹阿公》（2001）。蘇振明文，陳敏捷圖。青林。

《三個願望》（2003）。東西出版文／圖。東西。

《三隻小豬》（2008）。幼福編輯部文／圖，幼福編輯部譯。幼福。

《三隻小豬的真實故事》（1999）。雍薛斯卡文，藍史密斯圖，方素珍譯。三之三。

《三隻山羊嘎啦嘎啦》（1996）。瑪夏布朗文／圖，林真美譯。遠流。

《小河馬》（2004）。瑪西亞布朗文／圖，林真美譯。青林。

《小胖小》（1994）。潘人木文，曹俊彥圖。信誼。

《小種籽》（2009）。艾瑞卡爾文／圖，蔣家語譯。上誼。

《中國鬥牛士王邦維》（2006）。艾倫賽伊文／圖，劉清彥譯。天下雜誌。

《天空在腳下》（1994）。艾莉麥考莉文／圖，孫晴峰譯。上誼。

《巴警官與狗利亞》（1998）。佩姬拉曼文／圖，任芸婷譯。格林。

《老鼠牙醫——地嗖頭》（1995）。史第格文／圖，孫晴峰譯。上誼。

《打瞌睡的房子》（2003）。奧黛麗伍德文，當伍德圖，柯倩華譯。上誼。

《母親，她束腰》（2001）。歐蜜偉浪文，阿邁熙嵐與瑁冒瑪邵圖。晨星。

《母雞蘿絲去散步》（1995）。佩特哈群斯文／圖，曾陽晴譯。上誼。

《田鼠阿佛》（1995）。李歐李奧尼文／圖，孫晴峰譯。上誼。

《各種各樣的感覺》（2004）。愛瑪布朗約翰文／圖，任汝芯譯。維京。

《在那遙遠的地方》（1996）。莫里士桑塔克文／圖，郝廣才譯。格林。

《好安靜的蟋蟀》（1995）。艾瑞卡爾文／圖，林良譯。上誼。

《好忙的蜘蛛》（1995）。艾瑞卡爾文／圖，鄧美玲譯。上誼。

《好奇猴喬治系列》（2008）。雷伊文／圖，劉清彥譯。青林。

《好想見到你》（2005）。五味太郎文／圖，林真美譯，遠流。

《好想看世界的神聖之地》（2006）。菲勒蒙史塔奇文，蓋爾拉契圖，郭郁君譯。和融。

《好餓的毛毛蟲》（1995）。艾瑞卡爾文／圖，鄭明進譯。上誼。

《如何做一本書》（1991）。阿麗奇文／圖，漢聲雜誌譯。漢聲。

《朱家故事》（1992）。安東尼布朗文／圖，漢聲雜誌譯。漢聲。

《灰王子》（2001）。巴貝柯爾文／圖，郭恩惠譯。格林。

《灰姑娘》（2002）。格林兄弟文，瓦倫提尼、王家珠、葛羅伯納、安東尼可夫、張玲玲圖，董霈譯。美的繪本。

《西遊記》（2009）。吳承恩文。幼福。

《你想當總統嗎？》（2001）。茱蒂聖喬琪文，大衛斯摩圖，郝廣才譯。格林。

《快樂的小青蛙》（1999）。王蘭文，張哲銘圖。泛亞。

《我和我家附近的野狗們》（1997）。賴馬文／圖。信誼。

《我的獅子爸爸》（2006）。微笑媽媽（Smile Mama）文／圖，朱倩怡譯。向上。

《我們的媽媽在哪裡》（2000）。黛安古迪文／圖，余治瑩譯。上堤。

《我絕對絕對不吃番茄》（2007）。蘿倫柴爾德文／圖，賴慈芸譯。上誼。

《我想有個家》（2004）。依芙邦婷文，蘿奈德希姆勒圖，劉清彥譯。東方。

《貝多芬》（2009）。陳惠操、羅永基文，吳福漳、吳宗達圖，劉君祖譯。
　　牛頓。

《和小蓮一起遊莫內花園》（2008）。克莉絲汀娜文，蕾娜安德圖，游珮芸
　　譯。遠流。

《明鑼移山》（1996）。阿諾羅北兒文／圖，楊茂秀譯。遠流。

《門鈴又響了》（1997）。佩特哈金斯文／圖，林真美譯。遠流。

《阿力和發條老鼠》（1991）。李歐李奧尼文／圖，孫晴峰譯。上誼。

《阿利的紅斗篷》（1993）。湯米狄波拉文／圖，張劍鳴譯。上誼。

《青蛙與蟾蜍》（1990）。阿諾羅北兒文／圖，黨英台譯。上誼。

《勇者的歌聲》（2007）。潘慕諾茲里安文，布萊恩賽茲尼克圖，信建宏譯。
　　磐石。

《哈利的家》（2001）。凱瑟琳‧羅倫斯、安荷特／合著，宋珮譯。上誼。

《為什麼蚊子老在人的耳邊嗡嗡叫》（2004）。薇娜阿德瑪文，李奧狄倫、
　　黛安狄倫圖，鄭榮珍譯。麥克兒童。

《皇帝與風箏》（1967）。艾德楊文／圖。和英。

《看！阿婆畫圖》（2000）。蘇振明文，蘇楊圖，信誼。

《美術課》（2001）。湯米狄波拉文／圖，柯倩華譯。三之三。

《夏綠蒂的網》（2004）。艾爾文布魯克斯懷特文／圖，黃可凡譯。聯經。

《狼婆婆》（1992）。艾德楊文／圖，林良譯。遠流。

《草鞋墩》（1999）。劉伯樂文／圖。上誼。

《討厭黑夜的席奶奶》（1992）。雀莉杜蘭萊恩文，亞諾歐伯圖，林良譯。
　　遠流。

《起床啦！皇帝》（1994）。郝廣才文，李漢文圖。信誼。

《逃家小兔》（1997）。瑪格麗特懷茲布朗文，克雷門赫德圖，黃迺毓譯。
　　信誼。

《培培點燈》（2002）。艾莉莎巴托尼文，泰德陸溫圖，劉清彥譯。三之三。

《張開大嘴呱呱呱》（1996）。肯恩福克納文，喬納森藍伯圖，陳淑惠譯。

上誼。

《莎莉，離水遠一點》（1998）。約翰伯寧罕文／圖，林真美譯。遠流。

《這樣的尾巴可以做什麼？》（2005）。史蒂芬詹金斯文，羅賓佩吉圖，郭
　　恩惠譯。維京。

《野馬之歌》（1991）。保羅葛柏文／圖，張玉穎譯，遠流。

《野獸國》（1993）。莫里士桑塔克文／圖，漢聲雜誌譯，漢聲。

《野蠻遊戲》（2007）。艾斯伯格文／圖，董霈譯。格林。

《雪花人》（1999）。賈桂琳貝格絲馬丁文，瑪莉艾札瑞圖，柯倩華譯。三
　　之三。

《傑克與豌豆》（2008）。漢湘編輯部文／圖。漢湘。

《博物館》（2008）。珍馬克文，理察荷蘭圖，傅柏寧譯。和英。

《喬瑟夫有件舊外套》（2001）。席姆斯塔貝克文／圖，方素珍譯，台灣麥
　　克。

《棕色的熊，棕色的熊，你在看什麼？》（1999）。比爾馬丁文，艾瑞卡爾
　　圖，李坤珊譯。上誼。

《森林和海的相遇》（2007）。珍妮貝克文／圖，林真美譯。天下。

《費茂大街26號》（2001）。湯米狄波拉文／圖，林良譯。三之三。

《傳家寶被》（2000）。派翠西亞波拉蔻文／圖，廖春美譯。遠流。

《媽媽的紅沙發》（1998）。威拉畢威廉斯文／圖，柯倩華譯。上誼。

《愛蓋印章的國王》（2003）。許書寧文／圖。上堤。

《煙霧瀰漫的夜晚》（2002）。伊芙邦婷文，大衛戴茲圖，劉清彥譯。和英。

《爺爺一定有辦法》（1999）。菲比吉爾曼文／圖，宋珮譯。上誼。

《當乃萍遇到乃平》（2001）。安東尼布朗文／圖，彭蒨文譯。格林。

《瘋狂星期二》（1997）。大衛威斯納文／圖。上誼。

《綠色大傘》（2005）。珍布瑞德文／圖，張凰蕙譯。天下。

《蒲公英》（1984）。平山和子文／圖，漢聲雜誌譯。漢聲。

《影子》（2001）。法蘭克艾許文文／圖，郭恩惠譯。信誼。

《誰的葉子？》（2008）。張玲玲文，高加諾夫圖。格林。

《豬頭三兄弟》（2002）。大衛威斯納文／圖，黃筱茵譯。格林。

《賣帽子》（1995）。艾絲菲斯勞柏肯納文／圖，鄭榮珍譯。上誼。

《鞋匠與小精靈》（2005）。茱莉安娜葛洛麗文／圖，葉曉雯譯。企鵝。

《諾亞方舟》（1993）。彼德史比爾文／圖，漢聲雜誌譯。漢聲。

《鴨子騎車記》（2003）。大衛夏農文／圖，沙永玲譯。小魯。

《鍬形蟲大集合》（2009）。安永一正文／圖，張東君譯。遠足。

《魔法校車》（2003）。喬安娜柯爾文，布魯斯迪根圖，蔡青恩譯。遠流。

《聽那鯨魚在唱歌》（1994）。黛安雪登文，蓋瑞布來茲圖，張澄月譯。格林。

國家圖書館出版品預行編目資料

幼兒文學與教學／谷瑞勉著. --初版.
--臺北市：心理，2010.08
　面；公分.--（幼兒教育系列；51144）
參考書目：面
ISBN 978-957-702-828-0（平裝）

1.兒童文學　2.幼兒讀物
3.學前教育　4.小學教學

523.23　　　　　　　　　　99012050

幼兒教育系列 51144

幼兒文學與教學

作　　　者：谷瑞勉
執 行 編 輯：高碧嶸
總 編 輯：林敬堯
發 行 人：洪有義
出 版 者：心理出版社股份有限公司
地　　　址：台北市大安區和平東路一段 180 號 7 樓
電　　　話：(02) 23671490
傳　　　真：(02) 23671457
郵撥帳號：19293172　心理出版社股份有限公司
網　　　址：http://www.psy.com.tw
電子信箱：psychoco@ms15.hinet.net
駐美代表：Lisa Wu（Tel：973 546-5845）
排 版 者：臻圓打字印刷有限公司
印 刷 者：正恒實業有限公司
初版一刷：2010 年 8 月
初版二刷：2013 年 7 月
Ｉ Ｓ Ｂ Ｎ：978-957-702-828-0
定　　　價：新台幣 300 元